롱보드 라이프

롱보드 라이프

초판 1쇄 발행 2017년 7월 31일

지은이 | 권도영
펴낸곳 | 보랏빛소
펴낸이 | 김철원

기획·편집 | 김이슬
마케팅·홍보 | 박소영
디자인 | 박영정

출판신고 | 2014년 11월 26일 제2014-000095호
주소 | 서울특별시 마포구 월드컵북로6길 60, 덕산빌딩 203호
대표전화·팩시밀리 | 070-8668-8802 (F) 02-338-8803
이메일 | boracow8800@gmail.com

이 책의 판권은 저자와 보랏빛소에 있습니다.
저작권법에 의해 보호 받는 저작물이므로 무단전재와 복제를 금합니다.
책값은 뒤표지에 있습니다. 잘못된 책은 구입한 곳에서 바꾸어 드립니다.

롱보드 입문자를 위한
테크닉부터 마인드까지

Long board Life

롱보드 라이프

Contents

프롤로그
살맛 나는 롱보드 라이프   6

Chapter 01   롱보드, 대체 정체가 뭐야?   10

1_ 롱보드 VS 크루져보드 VS 스케이트보드   12
2_ 롱보드 해부하기   22
3_ 롱보드의 다양한 장르   33
4_ 안전을 책임지는 롱보드 룩   50

Chapter 02   롱보드, 매력 속으로 빠져 봐!   52

1_ 영상과 SNS로 소통하다   54
2_ 커뮤니티와 크루로 하나가 되다   66
3_ 짜릿한 이벤트, 롱보드 축제   88
4_ 롱보드 타고 떠나는 여행   99
5_ 스폰 받는 롱보더들   106

Chapter 03 　**롱보드, 어떻게 타지?** 　118

1_ 스탠스(Stance) 　120
2_ 푸쉬오프(Push off) 　122
3_ 풋브레이크(Footbrake) 　125
4_ 카빙(Carving) 　128
5_ 크로스 스텝(Cross Step) 　131
6_ 180 스텝(180 Step) 　138
7_ 피터팬(Peterpan) 　146
8_ 360 스텝(360 Step) 　152
9_ 피봇(Pivot) 　159
10_ 셔빗(Shuvit) 　166

[부록] 롱보드 피플 　170

에필로그
보드 타자, 크게 웃는다면 그걸로 됐다! 　206

살맛 나는 롱보드 라이프

'요즘 어때요?'
'오늘은 어떤 좋은 일, 즐거운 일이 있었나요?'
'오늘도 만족스러운 하루였나요?'

라고 누군가에게 묻는다면, 어떤 대답을 들을 수 있을까?

'완전 재밌었어요!'
'오늘 진짜 환상적이었어요!'
'즐겁죠! 매일매일이 오늘만 같았으면 좋겠어요.'

라는 대답을 들을 수 있다면, 나는 정말 기쁠 것이다. 그러나 안타깝게도 이런 대답을 하는 사람은 정말 극소수이다.

'그냥 사는 거죠, 뭐.'
'직장인은 누구나 일벌레죠. 요즘 스트레스가 이만저만이 아니에요….'
'하아… 사는 게 재미가 없어요, 뭐 신나는 일 없을까요?'

라는 대답이 더 많은 수를 차지할 것이다. 대체 왜 그럴까? 우리 세대가 살아가는 모습을 보면 알 수 있다. 재미없는 게 당연하다. 대학가면 놀 줄 알았더니 비싼 등록금을 감당하기 위해서 과제하는 시간을 쪼개가며 아르바이트를 해야 한다. 그러면서 힘들다는 취업을 위해서 일찍부터 스펙 전쟁에 가담한다. 그러니 요즘 대학생은 방학이 더 바쁘다는 말이 괜한 소리가 아니다. 모두가 한탄하며 어렵다 말하는 취업 시장의 좁은 문을 뚫고 취업을 했다고 가정해보자. 취업의 기쁨도 잠시, 세계적으로 높은 노동시간을 자랑하는 대한민국 직장인들은 대부분의 시간을 일에 매달리게 된다.

일을 열심히 하는 것은 결코 나쁜 것이 아니다. 오히려 바람직한 현상이다. 우리나라 사람들은 정말 대단하다. 수없이 야근을 하면서 퇴근 이후에 더 나은 자신을 위해 자격증, 어학 등 자기계발에 투자하기도 한다. 정말 힘든 일이 생기면, 저녁에 술 한잔으로 자신을 달랜다. 나쁘진 않다. 하지만 썩 유쾌한 삶도 아니다. 그냥 버티며 사는 것이다. 스트레스를 견디고, 지루한 삶을 지속하는 것이다. 따분하지만 대안도 없고, 희망도 없고, 그냥 그렇게 산다.

우리는 어쩔 수 없이 힘들게만 살아야 하는 걸까? 일을 할 수 있고 돈을 번다는 것에 그저 만족해야 하는 걸까? 평생 즐거울 수 없는 걸까?

그런데, 이때 다른 대답을 하는 사람들이 있다.

'요즘처럼 재미있을 수가 없어요!'
'일은 힘들지만 퇴근 후 즐거운 일이 기다리니 참을 수 있어요!'
'살아 있는 것 같아요!'

정말 이렇게 대답하는 사람들이 있을까? 단언컨대, 있다. 이 글을 쓰고 있는 나부터가 인생이 너무나 즐거운 사람 중 하나다. 그리고 내 주변에 함께하는 사람들 역시 재미있고, 기대되고, 설레는 삶을 살고 있다.

그렇게 재미있는 인생을 사는 '우리'가 대체 누구냐고?

10대부터 50대에 이르기까지 나이는 천차만별이다. 스펙을 쌓느라 골머리 앓는 학생, 주위와 비교하며 자기소개서 쓰느라 여념 없는 취업준비생, 매출에 일희일비하는 자영업자, 몸 쓰는 게 고달픈 액션배우, 밤낮없이 일에 파묻히는 게 당연한 디자이너, 미래를 보장할 수 없어 걱정이 되는 프리랜서 등 직업 또한 제각각이다. 사는 지역도 전국 각지, 세계 여러 나라를 거론할 수 있을 만큼 다양하다.

프롤로그

그러나, 단 한 가지 공통점이 있다. 우리를 우리로 엮을 수 있는 그것. 바로 '롱보드'이다. 비록 일하는 것은 힘들지만, 삶은 여전히 고달프고 외롭지만, 일주일에 한 번이라도 롱보드를 만날 수 있기에 버틸 수 있다. 사는 게 사는 것 같다. 살맛이 난다.

도대체 롱보드가 무엇이기에 이토록 많은 사람이 롱보드 덕분에 기쁘고, 행복하다고 말하는 것일까? 무엇 때문에 롱보더들이 좀 더 일찍 이 문화를 접하지 못했다며 아쉬워하는 것일까?

최근 SNS에 '롱보드 여신'이라는 제목의 영상이 퍼지면서, 대중이 롱보드에 관심을 갖기 시작했다. 하지만 롱보드는 단순히 예쁜 여자들이 춤을 추듯 타는 것만이 아니다. 이 책을 통해 롱보드란 대체 무엇인지, 어떤 매력이 있으며, 어떻게 즐기고 타야 하는지 등을 자세히 소개하고자 한다.

당신의 삶을 바꿔줄 롱보드의 매력, 즐길 준비 되셨는가?

Chapter 01

롱보드, 대체 정체가 뭐야?

1

롱보드 VS 크루져보드 VS 스케이트보드

 # 보드의 시작

보드는 대략 1950년대부터 시작되었다. 하와이 서퍼들이 서핑을 하기엔 파도가 너무 부족할 때, 땅에서 같은 취미를 즐기고 싶다는 생각에서 비롯되었다. 그들은 두꺼운 나무 합판을 작은 서핑보드 모양으로 만들고, 휠과 트럭을 달았다. 그리고 작은 언덕으로 올라가 서핑할 때와 같은 움직임을 흉내 내며 이를 즐기기 시작했다. 이것이 보드의 시초였다. 해를 거듭하면서 다양한 목적에 맞게 여러 종류의 보드들이 등장했다.

크루져, 스케이트, 롱보드 모두 한 뿌리에서 나왔다. 나중에 실력이 쌓이면 모든 보드에서 자신이 하고 싶은 것을 할 수 있겠지만, 처음 시작하는 사람들에겐 자신이 해보고 싶은 용도에 맞는 보드가 좋다. 그 어떤 보드를 타든 즐길 수 있다면 그것이 최고다.

롱보드

롱보드는 여타 보드에 비해 긴 보드로 32~60인치 사이즈에 해당한다. 크고 부드러운 휠로 부드럽고 빠른 라이딩이 가능하며, 부드러운 부싱을 사용하면서 카빙이 전체적으로 쉬워졌다. 롱보드는 주로 크루징, 다운힐 레이스, 슬라럼 레이스, 슬라이드, 프리스타일, 장거리 레이스와 이동수단으로 쓰인다.

크루져보드

크루져보드는 플라스틱 크루져보드와 우드 크루져보드로 나뉜다. 22~32인치 사이즈의 보드로, 22인치짜리 플라스틱 크루져를 보통 많이 탄다. 크루져보드는 예쁘고 작지만 부드럽고 적당한 사이즈의 휠로 크루징(주행)하는 데 주로 사용된다. 휴대하기에도 좋다.

스케이트 보드

스케이트보드는 양쪽 킥테일이 있는 보드로 주로 28~32인치 크기다. 31~31.5인치를 주로 탄다. 스케이트보드는 트릭(기술)을 구사하는 데 특화된 보드이다. 파크, 스트리트, 버트, 빅에어, 프리스타일 등으로 나뉜다.

스케이트보드를 탄다면 '누가 제일인가?'는 중요한 문제가 안 됩니다.
정말 중요한 것은 즐거움, 그 자체죠.

저스틴 웨이튼(Justin Watene), 프로 스케이트보드 선수

Longboarder
Gwon Do young

롱보드 라이프

롱보더 권도영

활동적인 취미를 찾던 중 보드를 알게 되었어요. 검색을 해보니, 스케이트보드뿐 아니라 크루져보드, 롱보드라는 게 있더라고요. 인터넷 커뮤니티에 모두 가입해 오프라인 모임에 나가봤죠. 시승도 되고, 무료강습도 해주니까요.

크루져보드를 처음 탔을 땐 두 발이 간신히 보드에 올라갈 수 있었는데, 이게 전 무서웠어요. 시승 스케이트보드를 탔을 때는 앞으로 가는 것까진 배웠지만, 방향을 바꾸기 위해 다음으로 배우는 틱택이 너무나 어려웠죠.

그리고서 마지막에 롱보드를 경험했는데, 넓은 보드판이라 크루져보드에 비해 안정감을 얻을 수 있었고, 스케이트보드와 달리 틱택이 아니어도 방향전환이 쉬운 편이어서 재미를 느꼈어요. 주행을 즐길 수 있었죠. 그 후 롱보드 안에 있는 많은 장르들을 조금씩 접하면서 제게 맞는 롱보드 스타일을 만들어갔어요. 지금은 제 삶에서 떼어놓을 수 없게 됐고요.

다른 보드에 비해서 가격대가 비싸지만, 처음 보드를 배우는 데 가장 쉬운 게 롱보드라고 생각해요.

Cruiserboarder

Pack Hyun soo

롱보드 라이프

크루져보더 박현수

크루져보드는 일단 가격적인 면에서 다른 보드들에 비해 저렴하여 부담없이 시작하기 좋아요. 크기가 작고 무게가 가벼워 휴대하기 편리하죠! 도심 사람 많은 곳을 크루징할 때 편하게 피해 다니면서 할 수 있어요.

반면, 크루져보드로 스케이트보드나 롱보드처럼 다양한 기술을 구사하고 싶다면 타 보드에 비해 많은 노력이 필요해요. 비유하자면, 자동화된 기계 놔두고 수작업하는 느낌이죠. 크루져보드를 초보들이 시작하기 좋은 보드라고 말하는데 솔직히 발 하나 들어갈 공간밖에 없기 때문에 오히려 힘들어요.

하지만, 그만큼 성취감이 좋기도 해요. 남들이 하지 않으니까요. 독특하게 보드를 타고 싶다면 한 번쯤 추천해요.

Skater

Hong Lim sun

롱보드 라이프

스케이터 홍림선

스케이트보드는 다른 두 보드에 비하면 온몸을 박살내가면서 연습해야 하는 비보잉에 가깝죠.

제가 지금까지 18년 동안 스케이트보드를 타면서 느낀 점인데, 스케이트보딩은 갭(Gap)을 극복하면서 발전했어요. 갭이란 도로의 모든 구조물, 예를 들어 도로연석, 계단, 난간, 레일, 벽 등을 누가 더 어렵게, 더 멋지게, 더 창의적으로 극복하느냐, 라는 것이죠.

현대스케이트보딩의 대부인 Rodney Mullen이 1981년 맨땅에서 알리(Ollie, 1978년 Alan Gelfand가 램프에서 처음 성공)를 성공한 후 수많은 플립, 그라인드, 슬라이드 등으로 응용됐어요. 지금은 입문 단계에서 알리를 배우지 않으면 좀처럼 다음 단계로 넘어갈 수가 없어요. 입문자들이 보드를 접게 되는 트릭이 되었죠. 마치 수학책 펴자마자 1단원이 미적분이어서, 미적분을 이해하지 못하면 그 책 전체의 문제를 풀지 못해 수학포기자를 양산하는 시스템과 같죠.

스케이트는 길거리에서 자신을 표현하는 그래피티와도 비슷해요. 똑같은 벽을 보고도 그래피티라이터가 다른 그림을 그리듯이, 같은 갭에서도 사람마다 선택하는 트릭이 다르거든요. 이것이 길거리에서 자신을 표현하는 방식이에요. 그래피티와 스케이트보딩이 누군가에게 예술이 되지만, 또 다른 누군가에겐 낙서가 된다는 점에서 서로 또 닮았죠.

2
롱보드 해부하기

데크 (Deck)

데크는 보드의 몸통이라고 할 수 있는 나무 판을 말한다. 양 끝에 솟아오른 부분을 킥(노즈, 테일), 데크를 트럭과 연결해 주는 구멍을 마운트홀, 홀과 홀 사이를 휠베이스 혹은 트럭베이스 라고 한다.

플렉스 데크 길이는 30인치 초반에서 60인치까지 다양하고, 일반적으로 장르에 따라 길이가 어느 정도 정해진다. 데크는 플렉스(유연성)를 가지고 있어, 브랜드별로 플렉스1, 2 혹은 하드, 미디엄, 소프트 등으로 나눈다. 플렉스가 단단할수록 트릭 랜딩 시 편하다는 장점이 있고, 플렉스가 낭창할수록 카빙 시 트럭의 카빙 이외에 데크가 눌려서 나오는 카빙을 느낄 수가 있다. 플렉스의 유무가 데크의 퀄리티를 좌우하는 것은 아니고, 타는 사람의 선호도에 따라 본인이 재미있어 하는 것을 타면 된다.

크루징용 데크 서핑보드 모양을 딴 핀테일 형태의 데크는 모양이 예뻐 과거에는 첫 데크로 많이 구매하곤 했다. 주행이 편한 드랍스루 형태를 쓰기도 한다. 바닷가나 한강 자전거길을 따라 크루징하는 용도로 쓰였으나, 요즘은 크루징만 하는 경우가 없어 킥이 있는 데크들을 선호해 주데크로 쓰이진 않는다.

드랍스루(Drop Thru) VS 탑마운트(Top Mount) 데크 드랍스루는 데크 킥 부분에 구멍이 뚫려 있어 트럭을 그 사이에 끼워 데크가 땅과 최대한 밀착되게 조립하는 방식. 탑마운트는 구멍이 없어 트럭 위에 온

전히 데크를 올려 조립한다. 드랍스루는 안정적인 주행이 가능하고, 탑마운트는 반응 속도가 빠르다는 장점이 있다.

프리스타일/댄싱, 트릭용 데크 프리스타일은 댄싱과 트릭을 섞어서 하는 것을 말하는데, 자신이 비중을 많이 두는 것에 맞춰 데크 선정이 달라진다. 댄싱을 위주로 할 경우 40인치 후반대인 45~48인치 데크를 주로 쓰고, 트릭이 메인이 될 경우 30인치 후반에서 40인치 초반대 데크를 주로 쓴다. 그 이유는 데크 길이가 길수록 댄싱 스텝을 밟으며 카빙을 깊이 넣기에 용이하며, 짧을수록 데크를 회전시키거나 플립시키는 트릭이 쉽기 때문이다. 둘 다 노즈, 테일에 킥이 있는 것을 주로 쓴다.

컨케이브(Concaves) 컨케이브는 데크 좌우 양쪽으로 휘어 있는 부분을 말한다. 다양한 모양이 있으며, 트릭 등을 할 때 발을 데크 위에 잡아두는 역할을 한다. 컨케이브가 전혀 없는 데크도 있으며, 자신에게 편한 컨케이브를 찾는 게 좋다.

프리라이딩/다운힐용 데크 프리스타일과 달리 플렉스가 없는 단단한 데크를 사용하며 컨케이브가 강한 편이다. 일반적으로 40인치 이하 길이로 빠른 속도에서 데크 컨트롤이 가능한 짧은 데크를 쓴다. 넓이는 9~9.75인치로 발을 옮기지 않고, 발가락쪽과 뒷꿈치쪽으로 한 번에 컨트롤이 가능해야 한다.

트럭은 데크와 휠을 연결해주는 파트다. 트럭은 크게 행어, 베이스플레이트, 부싱, 와셔로 구성된다. 행어는 150mm/180mm/190mm 등 길이가 다양하다. 행어 길이가 길수록 안정적이고, 짧을수록 턴이 빠르다. 트럭이 라이딩 느낌에 끼치는 영향은 매우 크다. 프리스타일씬에서는 180mm가 일반적이다. 행어 가운데 부싱시트가 있어 부싱이 결합되었을 때 부싱을 잡아주는 역할을 하며, 카빙 느낌이 달라진다. 행어의 양 끝엔 엑슬이 있어 휠이 자리한다.

트럭 (Truck)

베이스플레이트 데크와 맞닿는 판으로 킹핀이 결합되는 각도에 따른 다양한 앵글이 있다. 프리스타일씬에서는 보통 50도를 사용하고, 프리라이딩과 다운힐에서는 안정성을 위해 보통 좀 더 낮은 각도(42도, 44도 등)를 사용한다. 베이스플레이트에 피봇컵과 킹핀을 통해 행어와 연결이 된다.

부싱 행어 부싱시트에 자리하는 부싱은 트럭 하나에 2개씩 들어가는 폴리우레탄 재질의 고무를 말한다.(데크에 가까이 있는 부싱을 보드사이드 부싱, 땅에 가까이 있는 부싱을 로드사이드 부싱이라고 한다) 주행감에 큰 영향을 주는 부품인 부싱은 보드가 턴을 할 때 생기는 힘을 이용해 트럭과 함께 작용한다.

롱보드 라이프

부싱은 모양과 경도(단단한 정도)에 따라 구분된다. 모양에 따라, 콘(원뿔), 베럴(원통), 스텝(단)으로 크게 나눌 수 있다. 모양에 따라 얼마나 쉽게 꺾이고, 힘을 받은 부싱이 어떻게 센터로 되돌아오느냐를 알 수 있다. 콘은 중심을 지지하는 힘이 적기 때문에 가장 쉽게 꺾인다. 턴에 진입하고 어떤 시점 이후로 급격히 턴이 깊어지는 만큼 빠르고 날카로운 턴이 가능하지만, 그만큼 안정감이 부족하다. 베럴은 콘부싱보다는 턴이 부족하지만, 턴 중에 같은 비율로 턴이 이루어지는 안정감이 있다. 스텝은 베럴보다 측면이 많이 튀어나와 있는 형태로 안정성이 가장 뛰어나 프리라이딩이나 다운힐에 많이 쓰이고, 프리스타일에는 거의 사용하지 않는다. 경도는 단단한 정도를 측정한 상대적인 수치로 숫자가 낮을수록 부싱이 유연하다. 부드러운 부싱을 사용할수록 턴이 쉬워지나, 체중에 비해 너무 부드러운 부싱을 사용할 경우, 휠바이트(트럭이 꺾이며 카빙이 들어갈 때, 휠이 보드 데크에 맞닿아 순간적으로 멈추는 현상)의 위험성이 생긴다.

와셔 부싱을 행어와 킹핀에 연결할 때 함께 쓰는 부품이다. 일반적으로 평와셔와 컵와셔가 있다. 평와셔는 평평한 와셔로 턴에 있어 저항성이 적어 부싱의 카빙을 최대로 얻고자 할 때 사용한다. 부싱의 카빙을 컵와셔보다 많이 줄 수 있으며 좋은 리바운드를 얻는다. 컵와셔는 부싱 전체를 잘 잡아주는 형태로 부싱의 움직임이 평와셔보다 적어진다. 평와셔보다 휠바이트를 더 잘 잡아준다. 와셔를 아예 사용하지 않으면 더 깊은 카빙이 가능하지만, 리바운드가 줄어든다.

트럭은 제작 방법의 차이로 캐스트 트럭, 프리시전 트럭이 있다. 캐스트 트럭은 주물 틀에 쇠를 녹여 형태를 잡고 굳히는 방식으로 프리시전에 비해 무겁고 내구성이 약하지만, 값이 상대적으로 싸다. 프리시전 트럭은 CNC 공법으로 레이저로 깎아내는 방식으로 만들어내 캐스트에 비해 가볍고 튼튼하고 정밀하지만, 가격이 비싸다.

휠 (Wheels)

휠은 이름 그대로 바퀴를 뜻한다. 휠은 경도(딱딱한 정도)와 지름(크기)에 따라 용도 및 스타일이 나뉜다. 브랜드마다 같은 경도, 지름이어도 차이가 있다.

경도 78A~89A 사이로 구성된다. 때론 스케이트 휠처럼 100A 정도의 휠도 나온다. 숫자가 낮을수록 경도는 부드러워 접지력이 좋아져 땅에 붙어간다. 주행감이 좋고, 휠이 쉽사리 미끄러지지 않기 때문에 크루징(주행) 혹은 댄싱 위주로 탈 때 좋다. 반대로 숫자가 높을수록 단단해져 접지력이 떨어진다. 휠이 미끄러지기 쉬워 슬라이딩 혹은 트릭을 하는 데 좀 더 용이하다. 스케이트보드가 주행 중일 때 시끄러운 소리가 나는 것은 경도가 단단한 휠을 쓰기 때문이다.

지름 크기는 약 55mm부터 80mm 정도가 있다. 바퀴가 작으면 속도의 유지력이 덜하고, 크루징 시 작은 틈에도 바퀴가 걸려 넘어질 수 있다. 대신, 무게가 가벼워 기술을 하기에 쉽다. 반대로 바퀴가 크면 속도 유지가 더 잘되어 장거리 주행이나 빠른 스피드에 유리하고, 작은 휠보다 작은 틈에 강하나, 기술을 하기는 좀 더 어렵다. 또한, 휠이 클수록 휠바이트가 생길 가능성이 높다.

경도나 지름 외에도 휠 끝(엣지)의 모양(라운드, 스퀘어)과 휠 안에 들어가는 코어셋의 위치(사이드셋, 오프셋, 센터셋)에도 조금씩 차이가 있다. 일반적으로 자신이 선택한 데크에서 휠바이트가 나지 않을 정도의 크기, 용도에 조금 더 적합한 경도를 선택한다. 개인의 스타일이 정해지고 선호도가 정해지기 전이라면 65mm 크기, 78A~80A를 쓰면 무난하다.

 # 기타(베어링, 스페이서, 스피드링, 하드웨어, 그립테잎, 패드)

베어링 보드 휠에 들어가는 규격은 608 한 종류이다. 공업용 베어링에서 Abec7, Abec9(숫자가 높을수록 좋다), 세라믹 베어링, 스페이서 일체형 베어링까지 다양하다. 한 휠에 베어링은 두 개가 들어간다. 베어링은 휠이 구르는 데 지장만 없으면 상관없고, 트릭을 하다보면 베어링이 부서지기 때문에 굳이 좋은 베어링을 쓸 필요는 없다. 초기에 길을 잘 들이는 게 중요하다.

스페이서 & 스피드링 스페이서는 한 휠, 두 개의 베어링 사이에 들어가서 베어링 간격을 고정한다. 스피드링은 트럭 행어와 휠 베어링이 맞닿는 양 바깥면에 넣는다. 주행하면서 가해지는 충격을 낮춰주어 베어링 수명을 늘려주고, 휠의 회전을 원활하게 한다.

롱보드 라이프

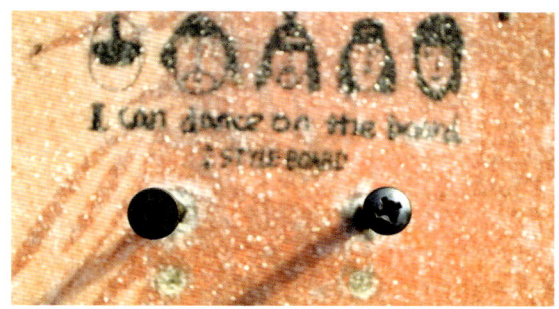

하드웨어 하드웨어는 데크와 트럭을 조립하는 볼트와 너트를 말한다. 볼트 모양에 따라 볼트 머리가 평평한 플랫헤드, 볼트 머리가 둥그런 트러스헤드로 보통 나뉜다. 플랫헤드가 트러스헤드보다 발로 밟을 때 이질감이 덜한 장점이 있는 대신, 데크 하드

웨어 부분을 파먹는 손상이 일어나기도 한다. 데크 손상을 막기 위해 와셔를 끼우기도 한다. 기본적으로 검정, 실버 컬러를 많이 쓰지만, 다른 색깔도 존재한다.

그립테잎 사포처럼 거칠거칠한 그립테잎은 데크의 상판에 붙인다. 그립테잎은 트릭이나 슬라이드 시 발이 데크에서 빠지거나 미끄러지는 것을 방지한다. 댄싱을 위주로 하는 사람은 노즈, 테일 킥에만 그립을 붙이고, 가운데는 노그립으로 하는 경우도 있다.

그립테잎은 브랜드마다 접지력이 다르다. 다운힐, 프리라이딩을 하는 사람들은 주로 강한 그립력을 가진 그립테잎을 쓴다. 많이 보이는 검정색 이외에 투명, 빨강, 노랑 등 다양한 색이 있다. 그립테잎들을 자신만의 스타일로 모양을 내서 잘라붙이는 것을 그립아트라 한다.

라이저패드 휠바이트를 막기 위해, 트럭과 데크 사이에 넣어 휠과 데크 사이 공간을 높인다. 올리는 높이에 따라 1/8, 1/4, 1/2 사이즈의 라이저패드를 사용한다. 분모의 숫자가 낮을수록 두껍다.

툴 툴은 보드를 조립하는 데 쓰이는 도구다. 하드웨어를 조이는 데 아랫부분과 작은 드라이버를 쓰고, 양옆은 트럭과 휠을 조이는 데 사용한다.

롱보드 라이프

3
롱보드의 다양한 장르

롱보드는 다양한 장르가 있다. 보통 보더들은 자신이 인상 깊게 본 롱보드 영상의 장르를 시도한다. 다만, 영상을 보고 관심을 가진 것과 실제 경험하고 재미를 느끼는 장르는 다를 수 있다. 또한, 롱보드 내에서 자신이 시작한 장르를 넘어, 다른 장르까지 범위를 넓혀가기도 한다. 먼저 주행이 가능한 단계까지 연습을 하고, 다양한 장르를 시도해보며 자신만의 스타일을 찾아가는 게 좋다.

크루징

크루징은 보드를 타고 돌아다니는 것을 말한다. 간단히 말해 주행, 지상의 서핑이다. 집에서 지하철역 혹은 버스정류장까지, 한강 자전거길, 시내, 어디든 보드를 타고 다니면 '크루징'이다. 크루징은 보드를 타면서 접하는 가장 기본적인 장르지만, 크루징만의 매력이 있어 보드를 타는 한 계속 하게 된다.

롱보드 라이프

프리스타일

프리스타일은 평지에서 댄싱과 트릭을 섞어 자유롭게 자신만의 스타일로 즐기는 장르다. 보드 위에서 다양한 스텝을 밟아가며 카빙을 만들어내 보드까지 춤추게 만드는 댄싱, 노즈와 테일 킥을 활용한 플립류(킥플립, 빅플립, 등), 스핀류(셔빗, 360셔빗, 비거스핀 등), 제자리 트릭류(노즈 540 피봇, 테일피봇, 포고 등), 손을 활용한 핸드트릭, 한 발이 땅에 떨어졌다가 트릭과 함께 올라가는 노컴류, 데크 한쪽을 들고 주행하는 메뉴얼류 트릭들로 자신만의 스타일을 뽐낸다. 댄싱을 주로 하는 댄서, 트릭을 주로 하는 트리커로 나뉘기도 하지만, 프리스타일이란 장르 아래 둘 다 속한다. 이 둘을 모두 접하며 사람의 취향에 따라 타는 비율이 달라진다.

프리라이딩

프리라이딩은 언덕에서 슬라이드를 이용해 내려오며 다양한 기술을 선보이는 장르다. 슬라이드는 퍽장갑을 낀 손을 땅에 대고 하는 핸드다운 슬라이드와 선 채로 하는 스탠드업 슬라이드, 한 손으로 데크를 잡은 채로 하는 스테일피쉬 슬라이드 등 다양한 슬라이딩과 트릭을 섞어 경사를 타고 내려간다. 슬라이드 트릭은 휠이 마모되는 속도가 빨라, 휠을 자주 바꾼다. 빠른 속도에서 하는 장르인만큼 안전상 헬멧과 슬라이드 퍽 장갑을 착용한다.

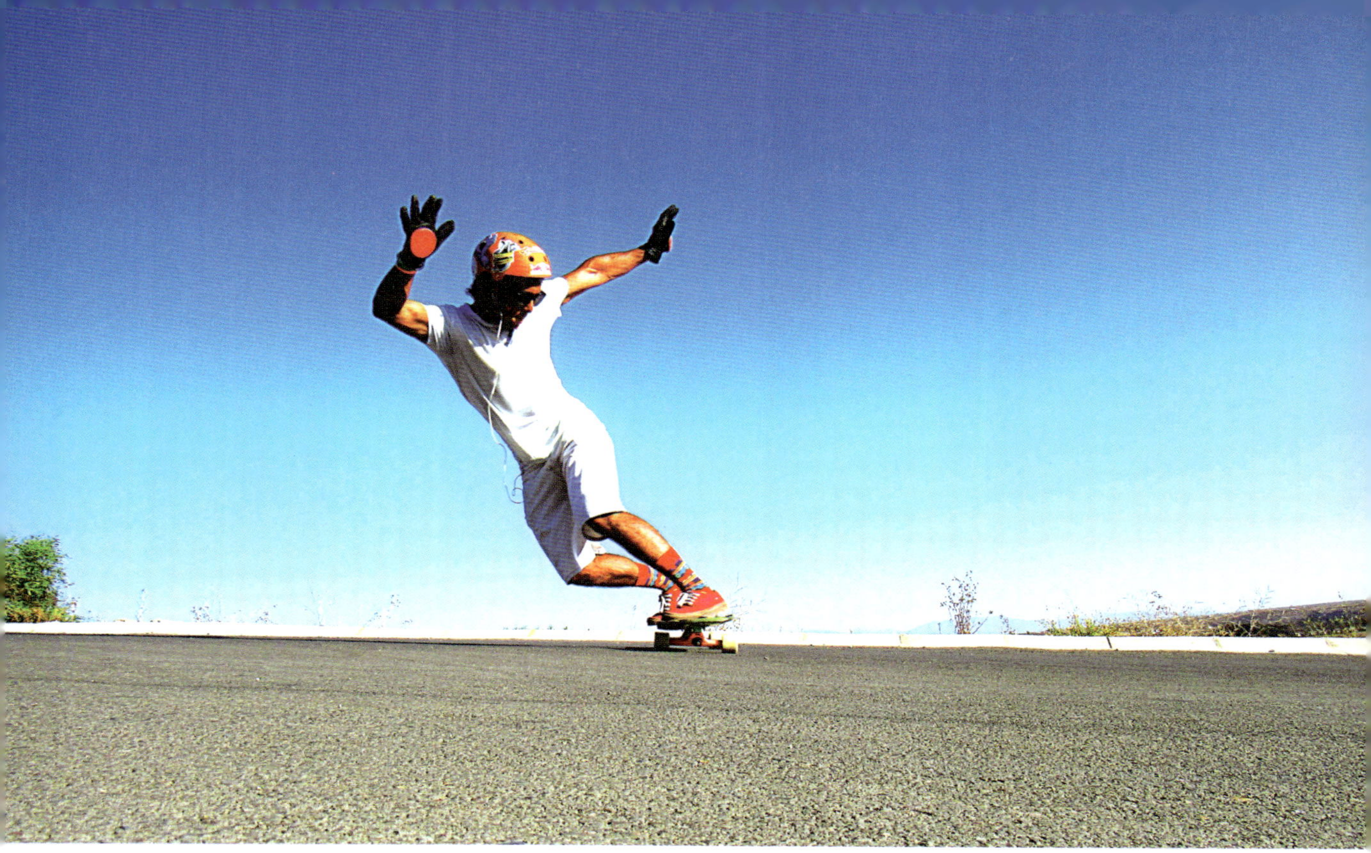

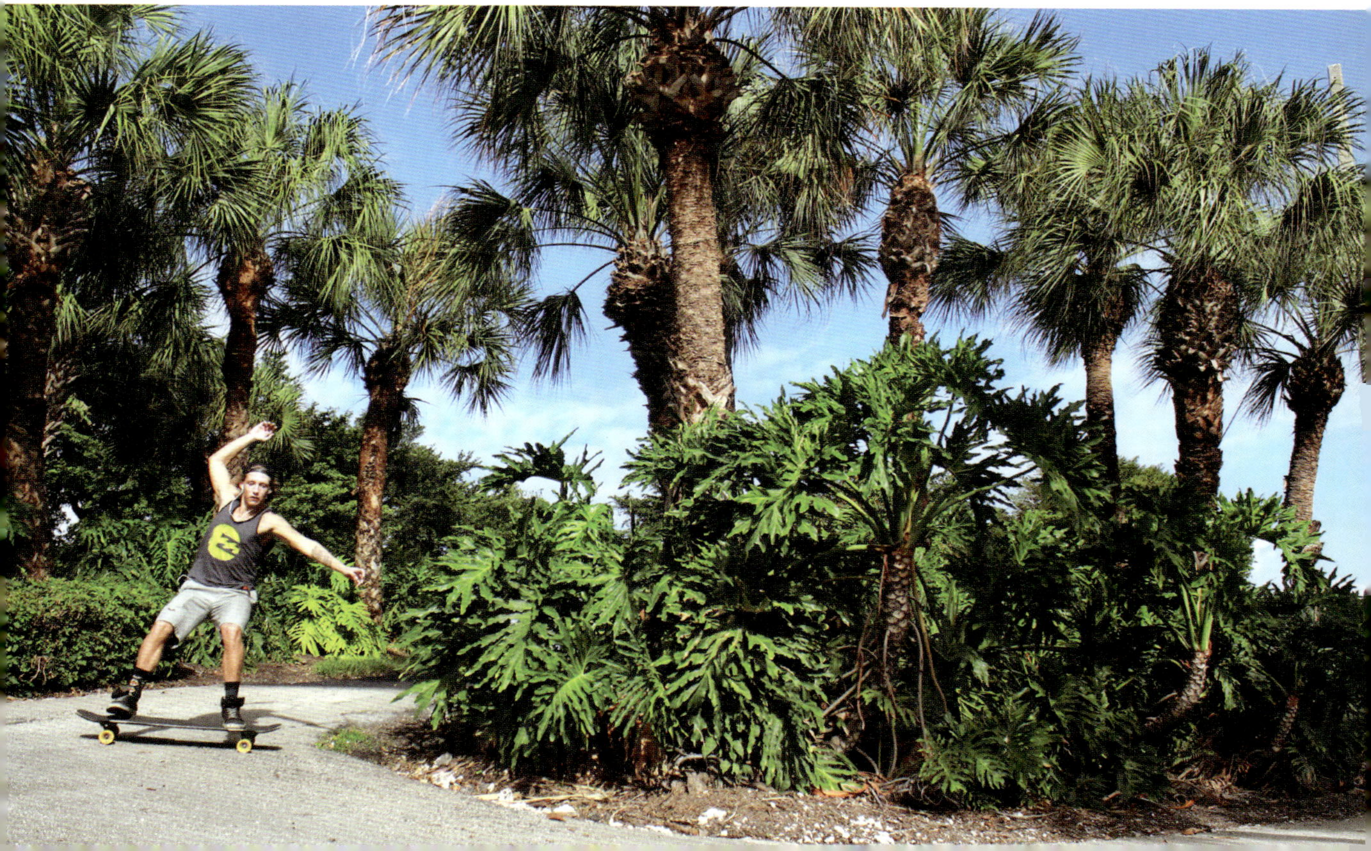

다운힐

다운힐은 언덕에서 오직 속도 하나만을 내며 빠르게 내려오는 장르다. 롱보드 장르 중에서 가장 익스트림하며, 풀페이스 헬멧과 보호 슈트를 착용한다. 다운힐 레이스는 IDF(International Downhill Frederation)와 IGSA(International Gravity Sports Association) 두 개의 협회를 축으로 세계 각지에서 다운힐 국제대회를 한다. 우리나라에서는 2017년 4월 정선에 IDF가 열렸다. 2016년 8월 29일, Kyle Wester가 세운 기록 89.41마일(143.89 Km/h)이 현재 세계 신기록이다.

Longboarder
Lee Seung ri

롱보드 라이프

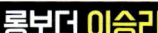
롱보더 이승리

제가 보드 탄 지 일주일 정도 됐을 즈음, 저녁 10시까지 힘들게 야근하고 한강으로 갔어요. 춥지 않은 시원한 바람이 살랑살랑 부는 시기였죠. 살짝 땀이 날 정도의 크루징으로 반짝거리는 한강 야경을 보며 멍때리던 순간이 잊혀지지 않아요.

그때부터 제게 나홀로 크루징은 정신의 휴식, 짧은 혼자만의 시간, 스트레스 해소로 작용했죠. 종종 제가 좋아하는 지인들과 함께 두근거리며 즐겁게 크루징을 하기도 해요.

요즘 제가 안타깝게 생각하는 건, 보더들이 크루징을 잘 안 한다는 거예요. 오로지 스팟보더죠. 스팟에서 기술에만 빠져 있어요. 길거리로 나오는 순간 좁아지는 시야에 여러 변수가 생기니 두려움과 당혹감에 어쩔 줄을 몰라 하죠. 다시 스팟으로 돌아가게 되고, 트릭을 목적으로 하게 되면서 금방 질리게 돼요.

크루징의 재미를 한 번이라도 느껴본 사람은 트릭과 댄싱 등이 최고의 목적과 재미라고 착각하지 않고 오래 보드를 즐겨요. 일단 기본적인 주행을 스팟에서 배운 후, 사람이 몰리지 않는 시간대의 한강 크루징 혹은 주변 공원 크루징으로 시작해보는 걸 추천해요!

Longboarder

Seok Yu jin

롱보드 라이프

롱보더 석유진

롱보드 댄싱은 자유로움을 표현하며, 아름다운 선을 만드는 행위예술이라 생각해요!

롱보드 댄싱이란 보드 위에서 자유자재로 움직이며 춤을 추듯 스텝을 밟는 행위를 말해요. 롱보드 트릭과 함께 '프리스타일' 장르로 분류되지만, 트릭과는 또 다른 매력을 가지고 있죠.

트릭은 '얼마나 멋지고 어려운 기술을 해내느냐'라면, 댄싱은 '보드 위에서 얼마나 자유자재로 움직이며, 아름다움을 표현하느냐'인 것 같아요.

개인의 스타일에 따라 속도와 박자감 등이 모두 달라, 자신만의 개성을 뽐내기 가장 좋은 장르이기도 하고요.

한 스텝 한 스텝 밟을 때마다 좌우로 카빙이 들어가, 마치 외줄타기 하는 기분도 들고, 깔끔하게 한 라인을 만들어냈을 때 그 성취감은 정말 말로 표현할 수가 없어요.

Longboarder
Choi Chang sup

롱보드 라이프

롱보더 최창섭

롱보드의 꽃은 댄싱이라고 생각하지만, 사실 저는 트릭이 좋아요. 물론 댄싱을 할 때보다 트릭을 할 때가 더 위험하죠. 보드를 돌리면서 그 무거운 보드가 내 정강이나 무릎을 강타할 때 너무 아파요. 아픈 만큼 성공했을 시 성취감이 크기도 해요.

트릭을 잘할 수 있는 팁은 그 트릭을 하는 사람에게 직접 배우는 거예요. 할 수 있는 사람이 없으면 직접 몸으로 느껴서 터득해야 하죠. 초기에 전 해외 영상들을 보고 하고 싶은 트릭이 생겼을 때 슬로우 영상으로 만들어서 모방했어요. 핸드트릭을 시전할 때는 시전자의 발의 위치와 보드 위에서 내려왔을 때의 보폭 수, 보드를 잡았을 때의 손 위치를 보고 연습했죠.

친구들과 함께 연습하면서 피드백을 받으면 지루하지 않아요. 혹은 연습 영상을 찍으면서 성공하면 SNS에 올리는 식으로 지루함을 이겨낼 수도 있죠.

트릭연습을 할 땐, 많이 다치니 보호대를 하길 권해요. 다쳐서 보드를 한동안 못 타게 되면 그게 더 힘들거든요.

Longboarder
Lee Kyung hoon

롱보드 라이프

롱보더 이경훈(도치)

제게 롱보드 프리라이딩은 이미 삶의 일부분이에요.

보드를 접하기 전에는 스트레스를 잘 풀지 못했죠. 지인의 권유로 롱보드를 시작했어요. 차츰 실력이 쌓이며 입문 때 보았던 영상에 나오는 프리라이딩을 하기 시작했는데 무섭다기보다 '이거 재밌는데?'라는 생각이 들었어요. 하면 할수록 스트레스가 풀리고, 어떤 경사를 내려가도 할 수 있겠다는 자신감이 생겼죠. 간단한 기술 하나만으로 언덕을 보드를 타고 내려갈 수 있죠. 롱기스트(슬라이드로 한 번에 길게 밀며 언덕을 내려가는 것)로 저만의 기록을 내는 짜릿함과 성취감도 있어요. 단순히 속력을 내는 것보다 경사 자체를 즐길 수 있게 해주거든요.

시간이 흘러, 이 느낌을 다른 사람들에게도 전해주고 싶었어요. 입문하는 사람들에게 노하우를 알려주게 됐죠. 의도한 건 아닌데, 그러다 보니 타인을 대하는 자신감도 생겼고, 다른 것들에 도전할 수 있는 원동력이 됐죠.

2012년도에 입문해서 지금까지 프리라이딩을 향한 열정은 변하지를 않네요. 앞으로도 오래 즐기려고요.

Longboarder
Kim Yoon

롱보드 라이프

롱보더 김윤 Kush

롱보드 다운힐은 쾌감과 스릴 그 자체인 것 같아요.

사촌동생의 권유로 롱보드에 대해 알아볼 때, 다운힐 영상을 접했어요. 보자마자 '아, 이건 내꺼다!'라는 생각이 들었어요. 어릴 때부터 속도를 좋아해서 그런 것 같아요. 다운힐은 빠른 속도감, 경사가 있는 코스(길)들을 내려가면서 코너를 돌 때 느껴지는 원심력, 코너를 내가 생각하는 라인대로 탔을 때, 코너를 안 넘어지고 빠져나왔을 때, 속도가 빠를 때 느껴지는 바람과 소리, 그리고 맨 밑에 도착했을 때 느껴지는 안도감과 쾌감이 매력 같아요.

다운힐에서 속도를 줄이는 방법은 크게 두 가지가 있어요. 슬라이드와 풋브레이크죠. 대부분의 다운힐러들은 슬라이드를 이용해 속도를 줄이는 만큼 풋브레이크 스타일은 드물어요. 전 풋브레이크 스타일이라 코너에서 슬립이 안 나고 돌았을 때의 그 쾌감 또한 어마어마한 것 같아요.

다운힐은 혼자 타는 것과 여럿이서 타는 팩런(Pack Run)이 있어요. 대회를 나가게 되면 여러 사람들과 레이스를 하는 개념이지만, 저는 친한 사람들과 같이 같이 호흡을 맞추며 그 코스를 내려갈 때, 잘 맞는 사람들과의 경쟁 아닌 경쟁에서 엄청난 재미를 느껴요.

다른 보더분들이 항상 다운힐은 제일 위험한 장르라고 생각하시는데, 제대로 된 안전 장비와 기본기가 제대로 갖추어져 있으면 오히려 제일 안 위험한 장르인 것 같아요. 혹시나 다운힐을 하게 된다면 꼭 안전장비를 갖추시고, 기본기를 충분히 배운 다음에 타시기를 권해요.

안전을 책임지는 롱보드 룩

기본적으로 롱보드를 탈 때 입는 옷은 활동이 자유로우면 어떤 스타일로 입든 상관없으나, 신발은 보드화를 신는 것을 권한다.

프리스타일/댄싱

보드화 밑창이 평평한 보드화는 보드를 탈 때, 보드와 접지가 잘된다. 발목에 안정감을 주고, 두터워 발을 안전하게 감싼다. 트릭을 할 때, 신발이 쉽게 망가지는데, 보드화는 오래 버틴다.

손목보호대 보드를 타다 보면 넘어지게 마련이고, 처음엔 특히 넘어지면서 손을 짚는데, 손목을 가장 많이 다치게 된다. 손목 보호대는 중요한 장비로, 보호대 안에 있는 딱딱한 플라스틱 부목이 손목이 다치지 않게 해준다. 초반엔 최소한 장갑이라도 착용해주는 것이 좋다.

팔꿈치 보호대, 무릎 보호대 넘어질 때 무릎과 팔꿈치도 많이 다치는 부위다. 프리스타일 기

술들을 하면서 보호도 하기 위해 만들어진 얇은 보호대를 많이 쓴다. 프리스타일 때와 다르게, 속도가 빠른 프리라이딩은 두꺼운 보호장비가 필요하다.

정강이 보호대, 복숭아뼈 보호대 트릭을 많이 하는 사람은 보드에 정강이나 복숭아뼈 부위를 많이 맞게 된다. 이때를 위해 보호대를 착용한다.

프리라이딩

헬멧 다칠 확률은 가장 적으나, 다치면 가장 위험한 부위가 바로 머리다. 초보나 새로운 기술을 배울 때는 특히 위험하니, 꼭 착용해야 하는 장비다. 빠른 속도에서 라이딩하는 만큼 헬멧은 필수다.

퍽장갑 내리막 슬라이드 기술을 할 때나 핸드다운 기술을 쓸 때도 필요하며, 손목보호대 대신 손이 다치는 것도 막아준다.

슈트 롱보드 장르 중 가장 빠른 속도를 즐기는 다운힐은 넘어지면 온몸이 쓸리게 된다. 슈트를 입어 충격도 줄이고, 온몸이 쓸리는 것을 막아준다.

풀페이스 헬멧 다른 장르에서 반모 헬멧을 쓴다면, 다운힐은 반모 헬멧마저도 위험하다. 얼굴을 다 덮는 풀페이스 헬멧을 착용한다.

다운힐

Chapter 02

롱보드,
매력 속으로
빠져 봐!

영상과 SNS로 소통하다

일반적으로 사람들은 우연히 보드 영상을 보고 매력을 느껴 보드를 시작한다. 각 보드 브랜드 혹은 샵에서 홍보용 영상을 제작하고, 유튜브, 페이스북, 인스타그램 등 SNS를 통해 멋진 영상을 배포하기 때문이다.

영상을 보고 보드를 시작한 사람이 많아서일까? 보더들은 실력의 유무와는 상관없이 자신이 어떻게 타고 있는지를 보기 위해, 추억을 남기기 위해, 서로에게 영감을 주기 위해 등 다양한 이유로 영상을 찍게 된다. 그리고 SNS에 영상을 업로드한다.

우리는 보드 하나로 세계 각지 보더들과 연결되며, 소통한다. 당신이 누구인지, 어디 출신인지는 중요하지 않다.

모두가 쉽게 비디오 영상을 공유할 수 있는 플랫폼이 바로 유튜브다. 매일 1억 뷰의 비디오 조회 수를 기록하는 세계 최대의 동영상 사이트이니만큼 롱보드 영상도 수없이 많다. 유튜브에서 검색만 하면 각종 롱보드 브랜드들이 올려놓은 고퀄리티의 영상들이 많으니, 구경하는 재미가 쏠쏠하다. 그뿐만 아니라 개개인이 올린 다양한 롱보드 영상을 볼 수 있고, 팁 영상을 통해 롱보드 기술을 배울 수도 있다.

https://www.youtube.com/loadednewsletter 미국 브랜드 로디드 메인 유튜브 채널로 다양한 트릭팁과 챌린지 시리즈 등이 있다.

https://www.youtube.com/simplelongboards 네덜란드 브랜드 심플 롱보드 채널로 프리스타일 중 다양한 댄싱 스텝을 배울 수 있다.

https://www.youtube.com/LongboardsBE 벨기에 미소년 라이더 한스의 개인 계정이다. 약 2만 명의 구독자를 가진 유튜버로 트릭팁, 개인 이야기, Q&A 등 다양한 영상을 볼 수 있다.

https://www.youtube.com/StyleRiderDoYoung 저자 권도영의 개인 채널로 다양한 프리스타일(댄싱) 라인과, 세계여행을 하며 다양한 장소에서의 보딩 영상들을 감상할 수 있다.

페이스북은 전 세계적으로 많은 이용자 수를 가진 SNS 플랫폼이다. 많은 사람들이 페이스북 안에서 친구를 맺고 서로의 일상을 나누고, 관계를 맺으며 소통한다.

페이스북에는 그룹 기능이 있어 커뮤니티 역할도 한다. 보더들은 크루를 위한 그룹, 같은 장르를 대표하는 그룹 등 다양한 보드 관련 그룹들을 만든다. 그룹 내에서 보드 지식을 공유하기도 하고, 영상과 사진을 공유하며 그 안에서 활발히 소통한다.

> https://www.facebook.com/groups/1457144737933343/ 롱보드(Longboard)
> 1만 명이 넘는, 페이스북 국내 최다 롱보더들이 모인 페이스북 그룹이다. 보드 관련 궁금한 내용을 질문하고 답변하는 등 소통이 원활하고, 다양한 영상들이 올라온다.

Instagram
젊은 층에서 핫한 SNS

인스타그램은 사진과 짧은 영상을 업로드하는 공간이다. 글을 길게 쓸 필요도 없다. 해시태그만 달아도 좋고(#롱보드, #longboard), 아예 안 달아도 된다.

보더들이 자신의 영상 혹은 사진을 업로드하며 기록용으로 모아두기 좋고, 페이스북보다 영상을 찾기도 편해 보드 관련 추억 창고로 많이 쓰인다.

팔로우가 많은 인스타그램 유저는 DM을 통해 광고제안이 들어오기도 한다.

> https://www.instagram.com/hyo_joo/ 팔로워 412K 고효주 인스타그램, 롱보더로 세계에서 가장 많은 팔로워를 가졌다. 롱보드를 타면서 정말 다양한 활동을 할 수 있다는 것을 보여주는 인스타그램이다.
>
> https://www.instagram.com/doyoung_gwon/ 팔로워 11.6K 권도영 인스타그램, 다양한 롱보드 댄싱 라인이 많다.
>
> https://www.instagram.com/liam_lbdr_/ 팔로워 42.7K 리암 모건 인스타그램, 세계적인 롱보드 다운힐, 프리라이딩을 보여주는 보더. 시원한 영상 및 사진을 볼 수 있다.

 보드를 타고 있는데,
영상을 어떻게 찍나요?

롱보드 라이프

한마디로 말하자면, 영상 품앗이라고 할 수 있다.
영상이 찍고 싶을 땐, 같이 타는 보더들 중 한 명에게 부탁을 해서 찍어달라고 한다. 뒤에서 같이 보드를 타고 따라오면서 핸드폰으로 찍으면 속도감과 현장감 넘치는 영상이 나온다. 영상을 찍고 싶은데 혼자 타고 있을 땐 삼각대 등으로 고정시켜놓고 찍기도 한다.
영상에 욕심이 나기 시작하면, 핸드폰용 짐벌이라든지 액션카메라 등으로 차츰 장비를 업그레이드해 나간다.

우리 어머니는 온 가족의 저녁식사 때마다
"아유무, 오늘은 어떤 좋은 일, 즐거운 일이 있었어?"라고 물어보셨어.
아직 초등학생이면서도 나름대로 그 질문에 대답해야 한다는 은근한 압박감을 느끼곤 했는데…
하지만 그렇게 항상, 언제나,
"오늘, 뭔가 좋은 일, 즐거운 일 있었니?"라는 질문을 받으면서 자랐기 때문에
저절로 '즐거운 일, 재미있는 일'을 캐치해내는 안테나가 발달했다는 생각이 들어.

다카하시 아유무

Longboarder

Hans

롱보드 라이프

벨기에 유튜버 한스

전 롱보더, 그리고 필름메이커예요. 아주 어릴 때부터 영상에 꽂혔죠. 돈을 모아 카메라를 샀고, 또 돈을 모아 더 좋은 카메라를 사고, 이게 반복이었어요. 하하, 이게 아마 9살 때?

롱보드를 시작했을 때 유튜브에 영상을 올렸지만, 반응은 안 좋았어요. 그땐 잘 못탔으니까요. 하지만 오래 탈수록 실력은 늘었고, 2년 전쯤엔 인스타그램 클립들을 만들었죠. 여름 동안 매일 영상 클립을 만들었고, 사람들이 좋아하기 시작했어요. 그러다가 유튜브로 갈아탔죠.

인스타그램의 짧은 영상으로는 충분히 만족할 수 없었어요. 전 더 길고 다양한 영상을 업로드하고 싶었으니까요. 유튜브에서 팁 영상도 만들 수 있었고, 더 다양한 시도를 할 수 있었죠.

사람들이 제 영상을 보고 롱보드를 시작했다는 말을 듣는 게 가장 행복해요. 이렇게 만난 사람들과 관계를 맺어가는 게 좋아요. 이런 영상을 만드는 것, 그리고 구독자를 어느 정도 갖추는 것, 이 두 가지는 시간과 노력이 아주 많이 필요해요. 그래서 유튜브를 하려면 꾸준함이 제일 중요해요. 인내심, 열정이 있어야 해요.

제겐 그럴 가치가 있었죠. 전 영상 찍는 것, 보드 타는 것, 그리고 팬들과 소통하는 게 너무나 좋으니까요! 그래서 지금도, 앞으로도 밤낮으로 작업할 생각이에요.

Longboarder

Jang
Do hee

롱보드 라이프

롱보드 그룹 운영자, 여주 장도희

특별한 이벤트 없이 흘러가는 내 삶에 롱보드는 큰 변화였어요. 지금도 신기해요. 나무 판때기, 이게 뭐라고 전 세계 사람들과 언어의 장벽을 넘어 나이, 성별, 지역 그 무엇에도 구애받지 않고 친해질 수 있게 하는 거지? 제겐 한없이 긍정적인 영역이 롱보드예요.

그런 롱보드씬이 커지고, 점점 상품성을 띄기 시작한 이후로 잘못된 정보들이 퍼지는 걸 페북에서 볼 수 있었어요. 그로 인해 선의의 피해자들이 생겨났죠. 예를 들어, 본래 자기가 타고 싶은 장르와 무관한 보드를 파는 모습 등이요.

그게 속상했어요. 롱보드는 이런 게 아닌데, 하는 생각이 들었죠. 보다 정확한 정보를 나누고, 가능한 피해자가 생기지 않기를 바랐고, 롱보드씬이 더 즐거웠으면 하는 바람으로 그룹을 만들었어요.

Longboarder

Ko
Hyo
joo

롱보드 라이프

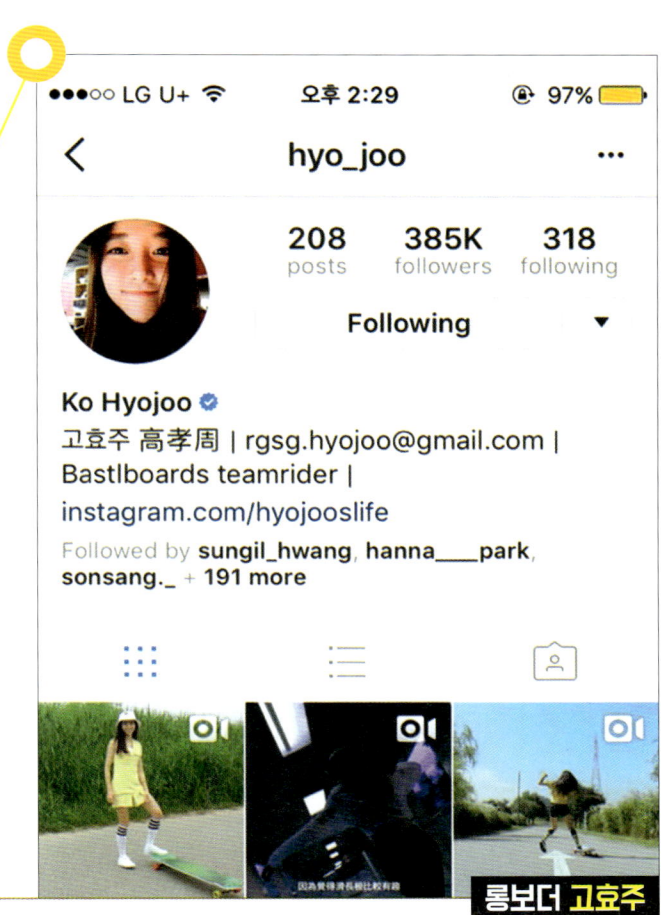

인스타는 제게 기록의 의미예요. 지금 돌이켜 보니 저는 예전부터 제가 했던 것, 갔던 장소, 먹었던 음식에 대한 기록을 중요시하는 사람이었어요.

롱보드 사부인 관도양(권도영)이 인스타를 하자고 했죠. 새로운 기록의 공간(페북처럼 휘발성이 아닌)에 자리를 잡고 콘텐츠를 올리기 시작했는데 전혀 모르는 사람들이 관심 있게 봐주기 시작한 거예요. 기분도 좋고 더 좋은 퀄리티의 콘텐츠를 만들자는 욕심이 생겼어요. 차곡차곡 쌓이는 콘텐츠들을 보는 재미도 있고, 불특정 다수의 피드백을 받는 것도 다음 콘텐츠를 만드는 데 도움이 됐어요.

지금도 여전히 제가 했던 콜라보레이션 작업들, 연습했던 것들, 여행 가서 찍은 영상들을 차곡차곡 쌓아두는 기록의 공간이 저의 인스타예요.

커뮤니티와 크루로 하나가 되다

보드씬에는 세계 곳곳에 스팟이 있고, 스팟 내 크루들이 있기 마련이다. 다른 나라들은 보통 크루들끼리 알되, 따로 존재한다면, 우리나라는 크루들과 함께 크루들을 묶는 커뮤니티 역시 발달해 있다. '롱보드코리아'라는 큰 네이버 카페 커뮤니티가 있어서 그 안에서 지역별 크루들을 확인할 수 있다. 현재 보드씬이 커지면서 롱코 내 크루뿐 아니라, 같은 지역 내 더 많은 크루와, 지역을 떠나 같은 나이 등 공통점을 토대로 한 크루들이 생겨났다. 브랜드 혹은 샵에서 스폰을 받는 팀들도 있다.

지역 크루들은, 새로 온 신입들이 보드를 잘 시작할 수 있게 도움을 준다. 자신들도 도움을 받아 보드를 탄 만큼 다음 세대를 위해 노하우를 전수한다. 크루 로고, 크루티 등 크루들끼리 자기들만의 옷을 만들기도 한다. 또한, 자기 크루 내에서만 어울리지 않고, 이벤트 및 행사를 주최해서 타 크루들과 함께 어울려 논다.

Longboard Crew

Charlie

롱보드 라이프

롱코 매니저 & 상암 SALT 찰리

상암 롱보드 크루 SALT 쏠트입니다! Salt 말 그대로 소금이에요. 여름에 롱보드를 열심히 탄 후에는 티셔츠에 소금이 하얗게 나오죠? 이게 바로 열정이죠. 거기에 롱보드씬에 소금 같은 존재가 되자는 뜻도 담겨 있죠.

2011년부터 상암월드컵공원 평화의 공원에서 모여서 타다가 공식적인 모임은 2012년 1월에 만들어졌어요. 현재까지 6년간 변함없이 꾸준히 활동하고 있어요. 국내 초기부터 있었던 만큼, 지금처럼 전국에 크루가 많지 않았던 과거엔 상암에서 다들 모여서 타곤 했죠.

롱보드코리아의 운영규칙과 함께 우리 크루는 비영리로 특정 샵에 속하지 않으며, 롱보드를 즐기는 남녀노소 누구나 참여 가능한 모임이에요.

스팟 서울 상암월드컵공원 평화광장 아스팔트길
정모 매주 수요일 오후 6시
안내 롱보드코리아 카페

Longboard Crew

Ahn Sang hyun

롱보드 라이프

서울 강북 FBI 크루 안상현 전지역장

FBI는 Fun Boarding In Kangbuk의 약자예요. 우리는 롱보드를 취미로만 즐기는 게 아니라 인연을 중심으로 해요. 모든 사람이 다른 그룹을 처음 방문했을 때 어색할 수 있죠? 그룹 안에 있는 사람이나 다가가는 사람 모두에게 새로운 만남은 조심스러우니까요. 쉽게 친해지기 위해 그룹 안 사람이 먼저 다가갔죠. 동기별, 소그룹별 친목게임이 하나의 방법이에요.

우리끼리 MT도 여러 번 가고, 먹방 크루징, 밤샘 보딩도 같이 하면서 가족 같아지고, 실제 크루원 중 스팟에서 다른 크루원들과 함께 깜짝 프로포즈 이벤트를 해서 결혼을 한 사람도 있죠.

제가 좋아하는 말 중에 '우리도 초보였다'가 있어요. 누구에게나 처음이었던 시절은 있었고, 그 시절 나에게 도움을 준 사람 덕분에 조금이나마 쉽게 접근할 수 있었어요. 초심 그대로 내가 받았던 관심을 새로운 사람에게 나누고 싶어요.

스팟 녹천교 인라인 스케이트장
정모 매주 월요일
안내 롱보드코리아 카페, FBI 게시판

Longboard Crew

Shin Tai woong

롱보드 라이프

서울 강남 BANS 크루 신태웅 지역장

크루 명인 반스는 스케이트 어패럴로 유명한 반스와 반포 스팟의 줄임말 두 가지 의미를 담고 있습니다. 롱보드씬에서 이름만 들으면 아실 법한 분들이 많이 속해 있는 크루이기도 하지요.

작년까지 사용하던 스팟이 주차장으로 되어 어려운 시기도 있었지만 올해 새로 들어오신 분들이 다들 재미있게 즐겨주고 계셔서 반포종합운동장과 달빛광장을 오가며 즐겁게 모임을 가지고 있습니다. 20대 후반에서 30대 초중반까지가 주축으로 다른 크루들보다 평균 연령이 높은 만큼 롱보드라는 취미를 늦게 시작해서 걱정하는 분들에겐 접근성이 좋은 크루이지 않을까 합니다. 우선 저부터 30대 중반에 처음 시작하기도 했기 때문이고요.

특별히 추구하는 크루 문화는 없지만 지역장으로서 이제 막 배우기 시작하는 분들에게 가장 강조하는 것은 '기본기'입니다. 댄싱 스텝이나 트릭 욕심부터 내는 사람이 종종 있는데, 결국 기본기가 잘 잡혀 있지 않으면 모양도 이쁘지 않을 뿐더러 무엇보다 부상의 우려가 있기 때문이지요.

지역장으로서 항상 강조하는 것은 안전, 그리고 즐거움입니다. 롱보드를 즐기고 싶은 분들이라면 언제든지 환영하는 반스입니다. 놀러오세요.

스팟 반포종합운동장, 달빛광장
정모 매주 목요일 저녁 8시
안내 롱보드코리아 카페

Longboard Crew
Kim Do jin

롱보드 라이프

부산 부싼 크루 김도진 지역장

기존에 부산에서 타던 여러 크루에서 같이 모였어요. 경상도 사람들끼리 모여 있다 보니 뭔가 안 좋아 보일 수 있지만, 실제로는 사이 좋고, 싸우는 거 아니니까 걱정 마세요.

부산 보드 페스티벌을 영도구 남항동 X스포츠 경기장에서 했었고, 밀리터리크루징, 교복크루징 등 이벤트성 크루징도 하면서 부산 이곳저곳에서 즐겨요. 항상 웃는 분위기니 어울리기 쉬울 거예요.

스팟 센텀 영화의 전당, 남항 X스포츠경기장
안내 롱보드코리아 카페, 부싼 게시판
페이스북 그룹 롱보드코리아 부산로컬 부싼

Longboard Crew

Lee Sang yoon

롱보드 라이프

울산 롱울 크루 이상윤 스텝

우리 팀 이름 '롱울'은 '롱보드 울산'의 줄임말이에요. 이름에서 드러나듯이, 우리 지역의 롱보드 문화 커뮤니티를 지향하고 있어요.

기존의 라이더들에게는, 롱보드에 집중할 수 있는 환경을 제공하고, 정보 교류에 신경 쓰고 있고요. 신입, 초보자들에게는 보다 더 안전하게 보드를 즐길 수 있도록 가이드라인을 제시하고 있어요.

우리 팀이 가장 중요하게 여기는 가치는 '안전'과 '공존'이에요. 몸이든 마음이든 가능한 다치는 사람 없이, 백발이 성성한 노인이 되어서도 스팟에서 함께 웃으며 보드를 타는 모습을 꿈꾸고 있습니다. 롱보드로 안전하고 즐거운 취미생활을 원하는 분이라면, 여기 '롱울'에 한번 와보는 건 어떨까요?

스팟 울산대공원 청소년광장
정모 매주 수요일 저녁 8시
안내 롱보드코리아 카페, 울산 지역 롱울 게시판

Longboard Crew

Son
Won jun

롱보드 라이프

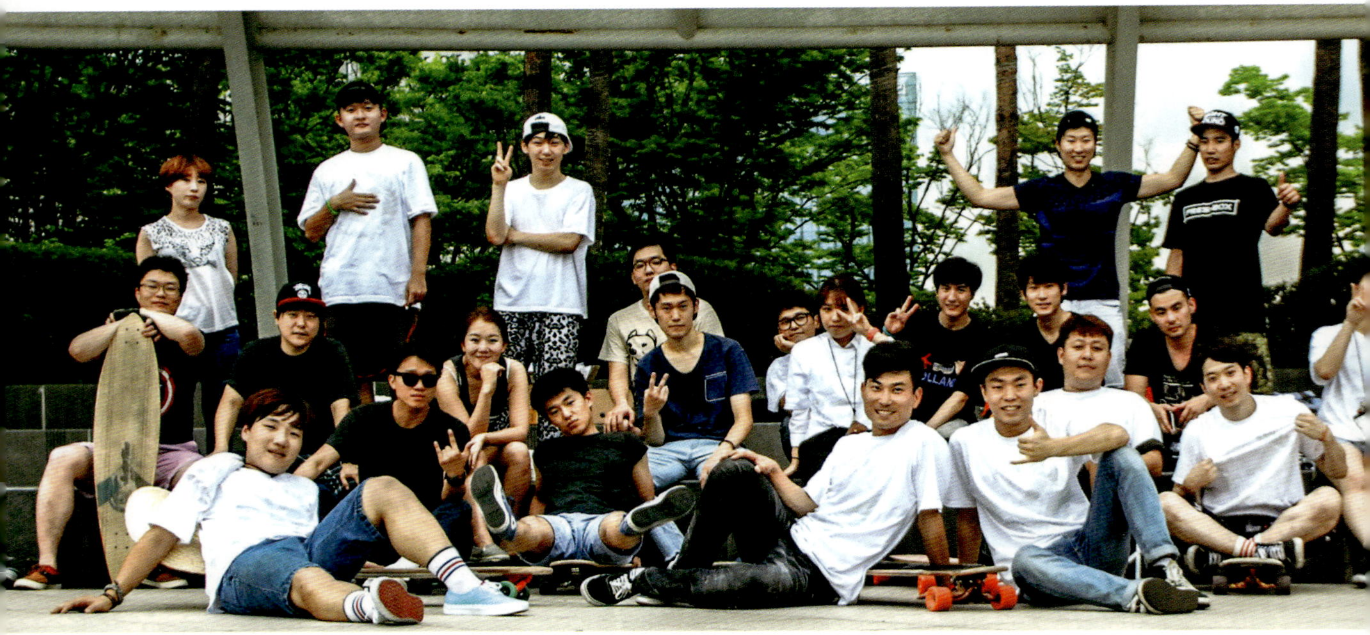

분당, 용인, 광주 WHEELERS 크루 손원준 지역장

휠러즈는 주로 롱보드코리아 카페나 지인을 통해 분당, 용인, 광주뿐만 아니라 이천, 강남, 수원 등 여러 곳에서 오셔서 같이 보드를 즐기고 있어요.

매주 토요일 분당 판교 화랑공원에서 정기모임을 하고 겨울을 제외하면 평일에도 퇴근 후 8시 정도면 화랑공원에 모여서 타니 자유롭게 시간 날 때 오셔서 같이 즐길 수 있습니다. 화랑공원은 신분당선으로 연결되는 판교역에서 가까워서 대중교통으로도 쉽게 올 수 있어요.

연령대는 20, 30대가 많기는 하지만 10대부터 50대까지 그리고 가족 단위로 보드를 좋아하는 누구나 함께 즐기고 있습니다. 날이 좋으면 한 달이나 두 달에 한 번씩 다 같이 팔당, 송도, 탄천, 한강 등 크루징 및 먹방 투어를 합니다. 그리고 다양한 취미를 즐기시는 분이 많아서 롱보드뿐만 아니라 서핑, 웨이크, 스노보드 등도 배우고 함께 즐길 수 있어요.

롱보드를 타고 싶은 누구나 즐길 수 있는 곳이니 같이 배우고 즐겼으면 해요.

스팟 분당 판교 화랑공원
안내 롱보드코리아 카페, 페이스북 WHEELERS Longboard Crew

Longboard Crew

Song Seung ho

롱보드 라이프

대전 DAEPO 크루 송승호 지역장

대포크루는 대전에서 처음으로 생긴 롱보드 프리스타일 크루예요.

크루 나이대도 주축 멤버가 10대와 30대일 정도로, 롱보드를 좋아한다면 나이와 상관없이 누구나 같이 즐길 수 있어요. 너무 롱보드에만 미쳐서 친목행사가 거의 없다는 게 단점일 수도 있는데, 보드 관련해서는 서로 엄청 대화 나누고 챙겨주고 도와줘요. 전체 인원이 많지는 않지만 오랫동안 롱보드를 탄 사람들이 많아서 쌓인 노하우를 얻어가기도 제일 좋을 거예요.

지금은 크루 안에서 간간히 슬라이드를 즐기는 인원도 있으니, 대전에서 내리막을 입문하고 싶으신 분도 대포크루에 문의해주세요.

스팟 대전 엑스포시민광장
안내 롱보드코리아 카페

Longboard Crew

Kim
Jun young

롱보드 라이프

군산 BGMON 크루 김준영 지역장

비지몬 크루는 전부 롱보드를 타진 않아요. 크루져보드, 스케이트보드 타시는 분들 모두 함께 어울리죠. 보드 종류도 다양하지만, 연령층도 넓어요. 스무 살부터 40대까지 있죠. 나이 차이가 있음에도 불구하고 형, 동생, 오빠, 누나 하면서 가까운 사이가 됐죠. 습득이 빠른 어린 친구들은 익힌 기술의 팁을 나누고요. 오빠누나들은 인생의 조언을 주기도 하죠.

날씨가 좋든 안 좋든 자주 만나다 보니 가족보다 더 가족 같다는 느낌도 들어요. 자주 타니 실력도 늘었지만, 그보단 크루원간의 관계에 있어 우리 크루는 자부심이 있어요.

스팟 군산 은파유원지 인라인 스케이트장,
　　　 군산 예술의 전당(주말)
안내 롱보드코리아 카페

Longboard Crew

Kim Dong hyun

롱보드 라이프

포항 WRT 김동현 지역장

전국적으로 롱보드, 크루져보드, 스케이트보드가 함께 활동하는 유일한 보드팀이 아닐까 생각합니다.

W.R.T는 WE RUN TOGETHER의 약자로 '우리는 함께 달린다'라는 뜻을 가지고 있어요.

각 보드의 특성이나 기술이 다르긴 하지만 바퀴 달린 판 위에서 스포츠를 즐기는 건 똑같지 않나요? 분야를 나누는 건 제가 좋아하지 않아요. 그리고 저희는 항상 함께 활동하고 활동 후 무엇을 하든지 같이 어울리기 때문에 여러 지역에서 포항이 분위기 좋다고, 핫하다고 평가해주시기도 해요. 실은 많이 다투기도 하고 싸우기도 하지만, 그러다가도 또다시 만나고 즐기고 무한반복 중이에요.

저희 스팟은 아시는 분들은 다들 아시겠지만 바닷가가 바로 보이는 멋진 경관이 자랑이에요. 길게 뻗은 스팟은 롱보드를 즐기기에 충분히 좋다고 자부해요. 기회가 된다면 한번쯤 놀러들 오세요.

스팟 포항시 영일대 해수욕장 해상 누각 앞 차 없는 거리
안내 롱보드코리아 카페

Longboard Crew

Kim Eun hyuk

ISLAND-B

롱보드 라이프

제주도 ISLAND-B 크루 김은혁 지역장

2013년에 ISLAND-B라는 이름으로 크루를 만들었어요. 현재 활동인원 약 40명 정도예요.

온 동네가 스팟인 제주 특성상 경사스팟과 평지스팟 모두 제주시 기준 15분 이내에 위치하고 있어서 크루원 중 올라운더가 많은 편이에요. 그런 만큼 어느 장르이건 주력 장르가 아니어도 새롭게 입문하는 게 굉장히 쉽죠. 크루활동으로 인한 친목과 스킬업 밸런스가 적절히 이루어져 있어요.

해안도로 크루징을 많이 하고, 노하우데이, 엠티, 체육대회, 슬라이드잼 등등 함께 많은 걸 즐겨요. 롱보드 스킬 챌린지(스킬성공 영상 업로드 후 크루 멤버 중 한 명 지목해서 동일 스킬 영상 올리고 다른 사람으로 연이어 지목하는 방식)도 하고, 종일 보드 타는 날을 만들어 해 뜨면 경사, 해 지면 평지를 타기도 하죠.

크루원 평균 연령이 30대 이상으로 높아서 지역사회인 지방에서 굉장히 도움 되는 부분도 있고, 보드에 대한 열정이 높아요. 같이 스킬업 하면서 자연스럽게 친해져 술모임으로 변질되지 않으니 제주에서 보드를 즐긴다면 꼭 한번 오시는 게 좋아요.

스팟 탑동 서부두 횟집 거리 앞 해변 광장(평지),
  탐라교육원 옆 막다른 길(언덕)
안내 롱보드코리아 카페

위 크루들 말고도, 전국 각지에 크루들이 있다. 간략히는 롱보드코리아 네이버 카페에 나와 있는 지역들 크루가 있고, 찾아가 보면 더 많은 크루를 만날 수 있다.

3
짜릿한 이벤트, 롱보드 축제

롱보드씬을 더욱 즐겁게 하는 요소 중 하나로 이벤트가 있다. 매년 국내 여기저기 지역 그리고 세계 각지에서 다양하게 열리는 롱보드 프리스타일 관련 이벤트에는 대회가 포함된 이벤트가 있고, 대회 없이 즐길 수 있는 이벤트도 있다.

국내에서 가장 큰 커뮤니티인 롱코에서 열리는 봄/가을 큰 대회에 가장 많은 사람들이 참여한다. 국내 씬에서 가장 큰 대회니만큼 많은 보더들을 만나기 쉽다. 국내뿐 아니라, 유럽 네덜란드에서 열리는 So you can longboard dance라는 대회는 국제적으로 가장 많은 나라에서 보더들이 몰려든다. 대회가 열리면, 잘 타는 사람들이 많기에 눈도 즐겁다.

롱보드코리아 롱보드 페스티발, 롱보드 대축제

롱보드 라이프

호스트 신재식

최초의 대한민국 롱보드 행사가 롱보드 페스티발(이하 롱페)이에요. 2012년 8월 첫 행사를 시작했어요. 처음이라 롱보드 샵도 2개 정도밖에 없어서 회원들의 기부, 나눔으로 상품을 모았죠. 이날만은 전국 각지에서 모여 다 같이 어울려 즐기려 행사를 시작했던 것이 어느덧 8회째가 되네요. 매년 가을이면 누구나 롱페를 기다리게 될 만큼 자리잡은 행사예요.

대한민국 롱보드 대축제(이하 롱대)는 신촌 차 없는 거리에서 매년 봄에 열리는 롱보드 행사예요. 신촌은 연세로에서 주말마다 차 없는 거리를 운영해요. 그리고 그곳에서 여러 행사가 열리죠. 서대문구청과 공식 허가를 받아 신촌 연세로에서 롱보드 행사를 하게 됐죠. 2014년 1회를 시작으로 매년 해왔어요. 롱대를 통해 롱보드 문화를 일반인들에게 알리며 발전할 수 있게 되었어요.

FBI 예체능 대회

호스트 안상현

서울 강북 크루인 FBI가 알려지고 롱보드씬이 커질수록 많은 사람들이 우리 지역으로 놀러왔어요. 멀리서 오신 분들과 그냥 헤어지기엔 아쉽다는 마음이 들어 행사를 하게 됐죠. 그해 유행하던 예체능이라는 프로그램을 본떠서 롱보드를 이용한 체육대회를 기획한 거예요.

취지는 행사에 참여하면서 더 많은 인연들을 만나게 해주고 싶다는 거였죠. 각 지역/크루에서 오신 분들을 무작위로 섞어 조를 나눴어요. 단체게임 진행을 통해 서로 알아갈 수 있는 시간도 많아지고 지역을 벗어나 오늘만큼은 하나의 팀으로서 즐길 수 있는 시간을 드리는 거였죠.

프로그램으로 빙고게임(행사 참여인원 100명 빙고칸을 만들어서 서로 찾아 다니고 악수하고 사인받는 형식으로 진행), 롱보드 볼링대회, 한 줄로 세우기, 스피드 게임, 아이엠그라운드 롱보드 게임, 복불복 게임 등 다양하게 진행했어요.

대회가 아닌 롱보드로 여러 가지 게임을 하며 함께 즐겼죠. 지역마다 친분이 생겨서 뜻깊은 행사였어요.

수원 겟세션 Get Session

롱보드 라이프

호스트 신완식

전 직업이 프로댄서예요. 댄스 이벤트 주최를 많이 했고, 그 경험으로 롱보드 이벤트도 기획해보고 싶었죠. 이벤트를 통해 많은 사람들이 롱보드를 접하고 기존의 보더들과 함께 화합하는 자리를 마련하고 싶어서였죠.

여러 이벤트를 했는데 그중에 겟세션에 가장 애착이 가요. 간단히 말하면, 강습인데, 퀄리티가 다르죠. 강사 1인이 5~6명 정도의 소규모 인원을 집중 지도해 짧은 시간 안에 효과적인 스킬업을 할 수 있게 하죠. 게다가 강사진이 전국 보드샵 혹은 브랜드에서 스폰을 받는 라이더들과 지역 내 잘 타는 분들로 재능기부를 해주세요.

일반 롱보드 행사가 대회 위주로 진행이 되기에 아직 초보인 분들은 관전 위주로 하는데, 그걸 보완할 수 있는 행사, 모두가 참여할 수 있는 행사를 구상하다가 만들게 됐죠.

해가 지날수록 정말 많은 분들이 와주셔서 뿌듯하고 많은 걸 배워가시는 것 같아 매년 최선을 다해 준비하고 있습니다. 앞으로도 롱보드씬의 발전을 위해 열심히 기획하고 또 기획할 계획이에요.

LDL Party

호스트 권도영

롱보드 행사엔 보통 대회가 있기 마련이죠. 선의의 경쟁이긴 하지만, 전 개인적으로 경쟁이 싫어요. 게다가 롱보드 댄싱이란 장르를 많이 하는 사람은 트릭에 비해 불리한 면이 대회마다 있었죠. 대회 후 만족스럽지 못한 댄서들을 위해 무언가를 하고 싶었어요. 그렇게 LDL Party를 열게 됐죠.

LDL 운영진들과 지인들의 도움으로 준비하고, 상품들을 마련했어요. 여타 대회처럼 1, 2, 3등을 뽑는 게 아니라 각기 한 명, 한 명이 잘하는 것에 포커스를 맞춰서 한 명도 빠짐없이 모두에게 자기만의 상을 주었어요.

개인적으로 기억에 남는 건, 해피상이에요. 보드 타는 실력과 상관없이 타면서 가장 많이 웃는 분에게 드렸어요. 가장 롱보드 본질에 맞는 상인 거 같아요. 그 시간 많은 분들이 웃는 모습 보는 게 너무 좋았고요. 앞으로도 다들 즐거운 보딩을 했으면 좋겠네요.

롱보드 라이프

So you can longboard dance

호스트 Bianca Kersten

So you can longboard dance(이하 쏘유캔)는 이제 세계적으로 알려진 롱보드 행사예요. 네덜란드 아인트호벤의 클로커바우에서 열리죠.

그 건물 관리자가 제게 거기서 뭔가 행사를 진행하고 싶다면 사용해도 좋다고 말했죠. 뜻밖의 고마운 제안에 고민하던 저는, 겨울에 하루만 보드를 타겠다고 했죠. 유럽은 겨울에 비가 많이 오고 추워서 보드를 타기가 힘들거든요. 그런데 실내에서 따뜻하게 보드를 탈 수 있다니, 다들 얼마나 좋아했겠어요.

게다가, 네덜란드와 벨기에 보더들이 모여서 대회를 하면 더 재미있을 거라는 판단이 섰어요. 실제로 뚜껑을 열어보니 프랑스, 스페인, 독일에서도 찾아왔고, 해가 지날수록 미주와 아시아에서까지 찾아오는 세계적인 행사가 돼 버렸죠. 지금 생각해도 신기한 일이에요.

이 행사를 하면서 사람들의 롱보드를 향한 열정과 사랑을 느낄 수 있었어요. 여러 브랜드에서도 즉시 협찬을 해줬고요. 제가 기획을 하긴 했지만, 단지 문을 열었을 뿐이에요. 참여한 사람들이 지금의 쏘유캔을 만들어낸 거죠.

여기서 언급한 큰 대회들 말고도, 지역에서 하는 행사들 역시 존재한다. 조금은 작지만, 특색있는 대회들이 열린다. 지역 행사들 중에는 대회 없이 축제 및 파티같은 느낌의 행사들도 있다. 이렇게 다양한 행사들을 통해 세계, 혹은 전국에서 많은 보더들이 모여 즐긴다.

롱보드 라이프

롱보드 타고 떠나는 여행

전 세계에 롱보드를 즐기는 사람들은 너무나 많다. 크루 문화에서 설명했듯이, 많은 크루들이 각 지역별로 있다. 영상 문화가 잘 발달된 덕에 롱보드는 세계 각 지역에서 보드 타는 모습을 공유할 수 있다. 보더들은 다른 지역의 보더들을 직접 만나서 함께 즐기고 영상 속 화면에 나오는 장소를 찾아가보고 싶어 한다. 그렇게 자연스럽게 타 지역으로 롱보드 여행을 떠나게 되는 것이다.

시간이 흐르면 대부분의 롱보더는 그동안 가보지 못한 다양한 도시를 경험한다. 어떤 이들은 국내뿐 아니라 해외로 나가서 새로운 환경과 보더들을 만나 친구가 되기도 한다. 내성적인 사람도 시간이 흐름에 따라 자연히 활동적으로 변하게 하는 마력이 있다.

Longboarder

Gwon Do young

롱보드 라이프

롱보더 권도영

세상에 대한 견문을 넓히고, 사고의 유연성을 높이기 위해서는 많은 책을 읽고, 다양한 사람을 만나고, 여행을 떠나라는 말을 하죠. 신기하게도, 롱보드를 타면 자연스럽게 이루어지는 것 같아요. 전 보드 타기 전엔 국내에서 돌아다닌 곳이 거의 없어요. 대표적인 여행지인 부산마저도 보드를 타고, 보더들 때문에 가게 되었죠. 친구들이 넌 어디에 있는지 모르겠다고 할 정도로 돌아다녀요. 저도 이제 주말에 제가 어디 있을지 잘 모르겠어요.

한 술 더 떠서 작년엔 국내여행 기간을 빼고, 세계여행만 7개월 넘게 했는데, 이것도 사실 롱보드가 있어서 할 수 있었어요. 만약 전 세계 롱보더들의 도움이 없었으면, 그 여행 할 수 없었거든요. 너무나 고마우면서, 미스테리해요. 롱보드 이거 도대체 정체가 뭘까요? 국내를 넘어 전 세계에서 마음이 통하는 친구들을 사귀게 되다니, 축복이 따로 없어요.

전 앞으로도 보드를 타며, 여행을 할 거예요. 문신처럼 몸에 박혀버렸어요. 제가 어디론가 여행을 떠나든지, 혹은 해외 친구들이 우리나라로 여행을 오든지요. 이 모든 것이 다 여행이고, 행복한 추억거리들이지요.

Longboarder

Park Sang jeong

롱보더 박상정

저는 한 번도 해외여행을 가본 적이 없었죠. 롱보드를 타면서 처음으로 홍콩에 갔었고, 최근에는 그토록 원하던 유럽여행을 다녀왔어요. 롱보드 여행을 하면서 아름다운 장소에서 영상을 찍어서 추억을 남기고요. 로컬 보더들을 만나서 각 나라 문화를 현지인과 함께 접해볼 수 있었어요. 갑작스럽게 날씨가 달라져서 계획이 틀어지기도 하고, 생각지 못한 친구를 사귀게 되고, 정말 한 치 앞을 알 수 없었죠. 그런 점이 여행의 재미이면서 제겐 너무도 새로운 경험이었어요!

제가 여행을 다녀와서 들었던 말 중에 기억 남는 게 "부럽다. 나도 가보고 싶은데 언어가 안 돼!"를 정말 많이 들었어요. 저 역시 영어를 잘 못 하지만 해외에 가서 친구들을 사귀면서, 그 나라의 언어를 자연스럽게 배우게 되는 거 같아요! 사실, 전 운이 좋았죠. 보더여서, 해외 보더들과 쉽게 친구가 될 수 있었고, 공통된 관심사가 있어서 언어를 못 해도 통하는 게 많았어요. 보드도 안 타는데 영어를 못 하고, 여행을 혼자 떠나려고 했으면 사실 고민 많이 했을 거예요.

여행을 하고 나서 느낀 건, 여행을 하고 싶으면 했으면 좋겠고, 영어를 못 한다는 이유로 여행을 안 하는 거라면 불행이라고 생각해요. 저는 앞으로도 계속 꾸준히 여행하고 싶어요. 보드도 여행도 즐기는 거니까요.

Longboarder
Kim Byeol chorong

롱보드 라이프

롱보더 김별초롱

보드를 탄 지 6개월도 되지 않았던 때였어요. 혼자 한 달간의 유럽여행을 '롱보드'를 들고 떠나기로 결심하게 됐어요. 사실 저도 제가 왜 그랬는지 이유는 모르겠어요. 외국에 알고 지내는 롱보더가 있는 것도 아니었어요. 만남을 약속하지도 않았죠. 그냥 좋았어요. 마냥 좋았죠. 유럽여행에 롱보드를 들고 가는 게 설렘에 설렘을 얹어줬죠. 한 달 여행이기에 많았던 짐, 그리고 '롱보드'까지 들고, 처음 외국 땅을 밟았을 때의 공기가 아직도 기억에 많이 남아요. 날씨가 생각보다 쌀쌀했지만, 설렘 반 걱정 반인 제 가슴은 그 어느 때보다 뜨거웠어요.

특별히 보드 행사에 참여하진 않았어요. 그저 여행 중 혼자 롱보드 타고 크루징을 하고, 휴식할 때 공원에 나가 트릭과 댄싱을 연습했을 뿐이었죠. 한국에서처럼요. 행사에 참여했다면 또 다른 즐거움이 있었겠지만, 저는 저 나름대로의 행복한 시간을 보냈어요.

분명하게 말할 수 있는 건, 첫 해외여행은 그 자체로 빛났지만, 롱보드가 있어 몇 배는 더 가치 있었다는 거예요. 보드를 타기에 새로운 만남을 만들기도 했고, 크루징 할 때면 공기가 몇 배는 더 신선하게 절 맞이해줬어요. 어쩌면 그저 볼품없는 길거리였는데, 롱보드와 함께하니 그게 '멋'이더라고요. 보드와 함께 낯선 땅을 밟아보는 것, 적극 추천해요!

5
스폰 받는 롱보더들

스폰은 보드씬에서 보드를 타는 데 필요한 여러 가지 지원을 받는 것을 말한다. 스폰은 브랜드 스폰과 샵 스폰으로 나뉜다. 둘은 배타적인 것이 아니며, 둘 모두를 함께 받을 수 있다.

온라인 상에서 간혹 브랜드 스폰을 인터내셔널과 브랜드 코리아 스폰으로 나누기도 하는데, 이는 잘못된 내용이다. 브랜드 스폰은 모두 인터내셔널이고, 코리아라는 이름을 붙이는 경우는 특정 샵에서 독점적으로 취급하는 브랜드를 샵 차원에서 스폰해주는 것으로 브랜드 본사 스폰과는 다른 샵 스폰이라 볼 수 있다. 샵 스폰은 샵마다 달라서, 보통은 샵 내 브랜드 중에서 지원을 받는다.

스폰을 받게 되면, 해당 물품은 물론이거니와 이벤트 때 어느 정도의 현금 협찬을 받는 경우도 있다. 예를 들어 국내 행사가 있을 때 교통비, 해외 행사에서 항공비의 일부를 지원하는 형식 등이다. 스폰 받는 롱보더 중에는 매달 일정 금액을 받으며 활동하는 보더들이 존재하는데, 이들을 보통 프로라 부른다.

브랜드 혹은 샵에서 스폰을 하는 이유는 단순하다. 로컬 혹은 씬 전체를 위해 보드에 열정이 있고 잘 타는 사람, 다른 보더들에게 좋은 영향을 끼치는 사람을 서포트하는 것이다. 또 그로 인해 해당 브랜드 혹은 샵을 홍보하는 효과도 누릴 수 있다.

그렇다면 어떤 보더들이 스폰을 받는 것일까? 대부분 다음과 같은 공통점을 지닌 사람이다. 첫째, 자신만의 고유한 스타일을 갖추거나, 고난이도의 기술을 구사하는 보더다. 둘째, 스스로의 보딩을 영상 채널을 통해 주기적으로 업로드하며 활발하게 대중과 소통하는 보더다. 마지막으로 필수는 아니지만, 인성이 바로잡힌 사람이어야 한다. 브랜드 혹은 샵의 이름이 달려 있는 만큼, 문제를 일으키는 사람은 스폰을 오래 받기에 적합하지 않다.

스폰 문화는 보드를 타는 사람들에게 또 다른 즐거움을 준다. 발전 가능성이 높지만, 고된 트릭 연습에 부서지는 데크 값을 감당하지 못하는 보더들에게 안정적으로 보드를 즐길 수 있게 해준다. 스폰을 받으며, 해당 브랜드 혹은 샵 홍보를 위해 퀄리티 높은 영상을 찍을 기회도 생긴다. 전국, 세계 각지의 보더들과 좀 더 쉽게 친해지기도 한다.

스폰을 받는 보더들이 스스로를 위해 더 즐겁게 보드를 타면 좋겠다. 그 모습을 통해 롱보드씬 자체에 좋은 영향을 끼친다면, 더할 나위 없겠다.

`Longboarder`

Gwon
Do young

롱보드 라이프

롱보더 권도영

전 운이 좋은 보더예요. 운이 좋다고 말하는 데는 크게 두 가지 이유가 있어요.

첫째, 제가 스폰 받았던 초기엔 스폰 받는 라이더 자체가 한 손에 꼽힐 정도였어요. 사실 실력보다는 눈에 띄는 스타일 하나로 국내 최고 샵(지금은 문을 닫았지만)에서 스폰을 받았었죠. 만약, 스타일리쉬하고 실력도 출중한 보더들이 많이 활동하고 있는 요즘 같은 때였어도 내가 스폰을 받을 수 있었을까? 하는 의심이 들 정도예요. 스폰해주던 샵도 저랑 잘 맞아서 자유롭게 보드를 즐기고, 함께 여행도 다니면서 영상 작업도 하는 게 정말 즐거웠죠.

둘째, 제가 타는 보드 스타일이 자유를 줬어요. 하드 트릭을 많이 구사해 보드를 많이 부수는 보더는 스폰이 정말 간절해요. 그런데 저는 하드 트릭을 추구하는 보더가 아니다 보니 보드를 부수질 않아요. 굳이 스폰이 필요한 사람은 아니란 거죠. 스폰에 연연하지 않아도 되니, 제가 좋아하는 보드만 탈 수 있고, 좋아하는 것만 하는 마이웨이 보더가 된 거죠. 그런 와중에 제가 좋아하는 보드 브랜드에서 스폰 제의를 했어요. 어차피 스폰이 아니어도 전 평생 이 브랜드를 타겠다고 결심했었는데, 함께 어울리자는 제의를 거절할 이유가 없던 거죠. 보드 마인드까지 저랑 똑 닮은 브랜드였으니까요.

많은 운이 따랐던 보더인 만큼 제가 해야 할 역할이 있다고 생각해요. 그건, 앞으로도 오래 제가 보드를 즐기는 모습을 보여주는 거예요. 실력적으로 어려운 기술을 하지 않아도, 타는 모습 그 자체로 매력 있을 수 있다는 것, 즐거워 보일 수 있다는 것, 그걸 영상으로 보이고 싶어요. 보드를 즐긴다는 것, 그건 스폰보다 앞에 있으니까요. 정말 중요한 것을 놓치지 말아야죠.

Longboarder

Cha Myung jin

롱보드 라이프

롱보더 차명진

2015년 1월 처음으로 지인 추천으로 샵에서 스폰 제의가 왔었어요. 기쁘고 설렜지만, 원래 제가 좋아하던 보드와는 다른 보드를 타야 해서 고민이 되기도 했어요. 하지만, 보드를 타는 데 금전적 문제가 가장 컸기 때문에 스폰 받는 데크로 재밌게 타보자는 생각으로 제안을 받아들였죠. 다행히도, 저와 잘 맞았고 덕분에 성장도 많이 했어요. 초창기 주변 지인들 중에서 스폰 받아오던 분들이 많아 조언을 들으면서 잘 적응해갔죠.

지금은 스폰팀 소속 라이더들과의 소속감, 유대감으로 즐겁게 보딩을 즐기고 있어요. 보드 타면서 행사나 여행도 자주 다니는데 그에 대한 지원과 보드 지원까지 받죠.

물론 그에 따른 부담감으로 처음엔 마음고생 하기도 했어요. 그래서 스폰서가 절 스폰해주는 만큼 효과를 내기 위해 영상도 많이 찍고, 이미지가 나빠지지 않도록 행동도 조심하면서 지냈어요. 그러면서 부담감을 이겨냈어요.

앞으로 스폰서드를 목표로 하는 분들은 단순히 스폰서드 라이더라는 타이틀, 겉모습이 아니라, 스폰서와의 관계, 라이더의 역할, 책임감도 한번 꼭 생각하길 바라요. 그렇다면 충분히 브랜드나 샵과 함께 보드씬을 키워나가면서 스스로의 성장을 꾀할 수 있는 좋은 기회가 될 거예요.

Longboarder

Kang Yun a

롱보드 라이프

롱보더 강윤아(므와르)

저는 처음에 미국의 작은 수제 롱보드 브랜드 라이더로 스폰 생활을 시작했어요. 그때는 드물었던 인터내셔널 라이더라는 것에 자부심을 가지고, 이 보드로 내가 '대단한 실력'을 보여주는 것이 라이더의 의무라고 생각했고, 그래서 더 열심히 탔어요.

지금은 브랜드를 옮겨서 세계적으로 유명한 라이더들과도 팀이 되었죠. 그 사람들에게서 배우는 게 많아요. 기술적인 부분뿐만 아니라 롱보드나 주변 라이더를 대하는 마음가짐이나, 브랜드를 사랑하고 홍보하는 방법 같은 부분에서요. 당연한 얘기이지만 실력이 전부가 아닌 거죠.

현재는 스폰 받는 브랜드 이름을 따서 매달 오픈 세션이라는 것을 진행하고 있어요. 지금은 한국에도 수많은 스폰라이더들이 생겨나고 몇 년간의 노하우가 축적되어 제가 초보일 때보다 훨씬 많은 기술 팁들이 공유되고 있어요. 그런데도 아직 스폰라이더가 없거나 타는 사람이 적은 지역, 스팟에서는 똑같이 한 가지 기술을 배우는 데 훨씬 많은 노력이 필요한 게 안타까워서, 지방에서도 좀 더 팁을 공유하는 행사를 만들어야겠다고 생각해서 오픈 세션을 시작하게 되었어요. 비슷한 맥락으로 작년부터 생각날 때마다 트릭사전이라는 동영상 시리즈를 만들어서 유튜브에 게시하고 있는데요, 이것 역시 독학으로 연습하시는 분들을 위한 것이에요.

앞으로 저는 나이를 더 먹고 더 '잘' 타기는 힘들어질지도 몰라요. 하지만 제가 가지고 있는 노하우들이 필요하신 분들에게 전달될 수 있도록 하는 활동만은 계속 하고 싶어요.

Longboarder

Lim Chi nam

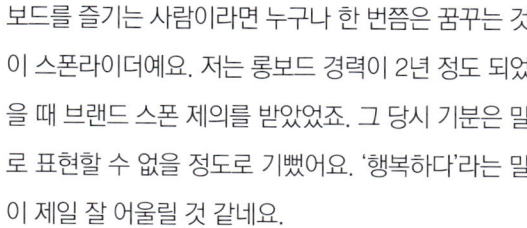
롱보더 임치남

보드를 즐기는 사람이라면 누구나 한 번쯤은 꿈꾸는 것이 스폰라이더예요. 저는 롱보드 경력이 2년 정도 되었을 때 브랜드 스폰 제의를 받았었죠. 그 당시 기분은 말로 표현할 수 없을 정도로 기뻤어요. '행복하다'라는 말이 제일 잘 어울릴 것 같네요.

제가 스폰라이더가 되기 전에는 롱보드씬에서 라이더는 연예인과도 같은 존재였어요. 반짝반짝 빛이 났죠. 그런 존재들로 인해 누군가는 그들을 롤모델로 삼고, 나도 저렇게 되어야지, 라는 생각을 하게 되고요. 그만큼 롱보드씬에서 스폰라이더는 큰 역할을 한다고 생각해요.

저에게도 그런 스폰라이더의 기회가 왔을 때, 절대로 교만하지 말고, 발전하는 모습을 보여주겠다고 결심했어요. 무엇보다 중요한 건 누군가에게 목표가 되고, 도움이 되고, 롱보드라는 매체로 만난 인연을 오래도록 함께하는 것이라 생각했거든요. 그리고 소속된 팀에 대한 자부심도 갖고 팀원들은 가족이라고 생각했죠.

"다치지 않고 오래도록 즐기자!"가 저의 라이프스타일이에요. 제 기준의 스폰라이더란, 롱보드를 정말 사랑하고 오래도록 즐길 수 있는 사람이라고 생각해요. 저는 앞으로도 제가 소속된 스폰서와 함께하며, 즐길 거예요!

Longboarder

Park Sol bitnara

롱보드 라이프

롱보더 박솔빛나라

세상엔 자전거, 영화, 그림 등 수많은 취미가 있었지만, 막상 제겐 특별한 취미가 없었어요. 그러던 중 크루져보드를 만나게 됐고, 좋은 인연 덕에 '롱보드'라는 장르를 접하게 됐어요. 그리고 어느덧 3년 동안 롱보드를 타고 있죠. 초반에는 하루에 4시간을 들이면서 롱보드라는 취미를 즐겼지만, 누구나 그렇듯 슬럼프가 찾아오면서 롱보드에 대한 애정이 점점 식어 가기 시작했어요. 그러다 샵 라이더로 활동하게 되면서, 취미에 책임감이라는 부분이 덧대어졌고, 롱보드는 더 이상 취미가 아닌 인생의 한 자리로 남게 되었죠.

제가 탈 때만 해도 여성라이더가 거의 없었어요. 그래서 초반에는 주위의 기대감도 굉장히 높았어요. 하지만 그 기대감이 어느 순간 부담으로 다가오고, 더 잘 타는 누군가가 나타나면 시기 질투와 함께 스스로 자존감을 깎아내려가는 때도 있었던 것 같아요. 아마 대부분의 라이더가 공감하는 부분이지 않을까요. 하지만 샵 라이더로 활동하며 샵 사장님의 응원과 주위의 권유로 인해 롱보드의 좀 더 다양한 장르(대부분 아는 댄싱이 아닌 다운힐과 프리라이딩)를 경험하게 되었고, 이 경험을 통해 스스로에게 자신감을 가지게 되었어요. 라이더로서 누군가에 본보기가 되어야 하고 내가 하는 행동으로 누군가가 잘못된 행동을 따라 할 수 있다는 마음 때문에 항상 가면을 써야 했지만, 오히려 그 속에서 좀 더 사람을 대하는 부분이나 상황 대처 능력은 성장하지 않았나 싶어요.

현재 샵 라이더로 활동하고 있는 동갑내기 여자 3명과 함께 팀을 이뤄 롱보드씬을 좀 더 키워나가고자 다양한 활동을 하고 있는데요. 롱보드를 만나기 이전에 일개미처럼 살았다면 현재는 목표를 가지고 다양한 사람들과 꿈을 이루며, 느리지만 꾸준히 앞을 향해 달려가는 거북이가 된 기분이에요. 누군가는 취미에 너무 비중을 두고 있는 것이 아니냐고 염려하지만, 또 다른 누군가는 저를 응원하고 함께 성장해가죠. 그런 모습을 볼 때 라이더로서의 자부심을 가지게 되더라고요. 현재의 삶에 치여 초반보다는 롱보드 타는 시간이 줄었지만, 롱보드를 사랑하는 마음은 여전해요. 앞으로도 한국 롱보드씬의 발전에 동참하고 지켜볼 수 있는 라이더가 되고 싶네요.

Chapter 03

롱보드, 어떻게 타지?

스탠스(Stance)

레귤러 스탠스
왼발이 앞쪽, 오른발이 뒤쪽에 위치한 스탠스

구피 스탠스
오른발이 앞쪽, 왼발이 뒤쪽에 위치한 스탠스

스탠스 구분법
왼손잡이, 오른손잡이처럼 자신이 주로 쓰는 발이 있다. 데크 위에 올라가보고, 어느 쪽이 더 편한지로 판단한다.

롱보드 라이프

보더라면 이것만은 알아두자 ❶ 기본 용어들

레귤러, 구피가 기본 스탠스이지만, 트릭이나 댄싱을 하다보면 좀 더 다양한 말들이 나온다. 기본적으로 알아야 하는 용어들이 있다. 스위치, 널리, 페이키, FS, BS 등이다.

하나씩 살펴보면, 스위치 스탠스는 자신의 원래 스탠스의 반대를 말한다. 레귤러라면, 스위치 스탠스는 구피가 되는 식이다. 널리는 자신의 스탠스 그대로 앞발이 바로 노즈(킥)로 갈 때 쓰는 표현이다. 페이키는 기본적으로 뒤를 보며 주행방향과 반대가 되는 형태이다. 스위치 스탠스에서 앞발을 노즈(킥)로 보내는 모습이 된다.

보드를 타다보면 BS(Backside), FS(Frontside)라는 말을 들을 수 있다. BS는 등 방향으로 도는 것, FS는 몸통 방향으로 도는 것을 뜻한다. 보드를 돌리거나, 몸을 돌리는 것 모두 BS, FS로 설명할 수 있다.

보드 기술을 언급할 때, 가급적 이러한 용어들을 사용하는 것이 좋다. 세계 공통으로 쓰이는 말이기에 누구나 이해할 수 있기 때문이다. 간혹, 자기 마음대로 닉네임을 지어 부르는 경우가 있는데, 다른 사람들이 알 수 없는, 잘못된 이름으로 부르는 것이다.

푸쉬오프(Push off)

영어 뜻 그대로 푸쉬(push), 밀어내는 것인데 오프(off), 발이 땅에서 떨어질 때까지 미는 것이다. 떨어질 때까지 제대로 밀기 위해서는 무게중심을 탄탄히 잡는 것이 중요하다.

자세를 보면, 한 발은 보드 위에 두고, 다른 발로 땅을 민다. 밀고 나서 뒷발을 데크에 올리고, 앞발은 비벼서 사선으로 만든다. (레귤러일 경우 보드 위에 있는 발이 왼발, 구피일 경우 보드 위에 있는 발이 오른발이다.) 이때, 보드 위에 있는 발에 무게중심을 둬야 한다. 앞발에 탄다고들 표현한다.

롱보드 라이프

앞발, 무릎이 있는 곳을 몸 중앙이라 생각하고 무게를 싣는다. 혹시 천천히 움직이는 보드가 무서우신 분들은 앞발 하나만으로 균형 잡는 연습을 먼저 하는 것이 좋다. 두려움이 좀 가신 상태라면, 무릎을 굽힌 채 두 손으로 무릎을 잡고, 무게중심 잡는 연습을 한다.

무게중심을 잘못 잡으면, 잘못 잡은 방향으로 보드를 날리며 넘어지게 된다. 앞발 위치보다 앞으로 무게를 두면 몸은 앞으로 넘어지고 보드는 뒤로 날아간다. 앞발 위치보다 뒤로 무게를 두면 뒤로 넘어지면서 보드는 앞으로 날아간다. 또한, 중심이 앞발이 아닌, 뒷발(미는 발)로 넘어가면 엉거주춤하면서 속도는 나지 않고, 뒷발의 발목을 다치는 경우가 생긴다.

무게중심이 잡혔다면 뒷발로 땅을 천천히 밀어본다. 이때 주의할 점은, 미는 발은 땅에서 떨어질 때까지 구부려선 안된다. 무릎을 굽히는 건 끝까지 밀어내고 발이 땅에서 떨어지는 시점부터다. 이는 미는 힘을 온전히 주기 위함이다.

미는 힘을 최대한 많이 주기 위해서는 미는 면적을 늘려야 하는데, 앞발의 무릎을 굽힌 만큼 뒷발을 길게 밀 수 있다. 푸쉬오프를 3번 연속으로 한 뒤 뒷발을 데크에 바로 올리지 말고, 3초 정도 견딘 후에 올리는 훈련을 해보자. 무게중심 잡는 연습과 함께 끝까지 미는 연습도 할 수 있다. 이렇게 해서 충분한 속도가 나올 때까지 훈련한다.

푸쉬오프에 익숙해진 뒤에는, 뒷발로 땅을 찬 후, 곧장 앞으로 뻗어 반동을 이용해 힘을 더 싣는다. 또한, 뒷발로 땅을 미는 동시에 보드를 타고 있는 앞발과 상체를 앞으로 뻗으면 가속이 붙는다.

보더라면 이것만은 알아두자 ❷ 크루징을 많이 하기

보드와 친해지는 가장 대표적인 방법은 크루징이다. 푸쉬오프와 풋브레이크, 카빙을 익혔다면 그 다음엔 주행, 즉 크루징을 통해 보드와 친해져야 한다. 보드를 타면서 배우는 모든 기술은 일단 보드와 친해지는 것이 우선이기 때문이다. 나 역시 주행을 배운 뒤 2달간은 강남에서 신촌까지 매일 크루징하며 다닌 것이 큰 도움이 되었다.

각 지역별 크루 안에 크루징 코스가 있을 테니, 그 코스를 타는 것이 좋다. 서울이라면 한강 자전거 도로라는 좋은 코스가 있다. 처음엔 무서울 수 있으니, 크루 사람들 중 경험이 있는 사람들과 함께 여럿이서 즐기는 것을 추천한다. 크루 내에서 주기적으로 시티크루징을 하기도 하는데, 이런 모임에 따라가보면 자신의 기본기를 확인할 수 있다.

크루징이 익숙해졌다면 한 번씩은 스위치 스탠스로도 크루징을 하면서 반대 스탠스 연습도 한다면 금상첨화다.

③ 풋브레이크(Footbrake)

영어 뜻 그대로 발을 이용해 속도를 줄여 브레이크를 잡는 것이다. 겉보기엔 땅에 닿는 발이 중요해보이지만, 풋브레이크의 핵심은 사실 앞발에 무게중심을 실을 줄 아느냐, 모르느냐에 달렸다. 푸쉬오프를 제대로 할 수 있으면 자동으로 되는 게 풋브레이크이다.

주행 중에 앞발을 비벼서, 푸쉬오프할 때의 자세인 앞발 1자 모양을 만든다. 푸쉬오프 연습할 때 한 발로 버티는 자세로 무릎을 굽혀 몸을 낮춘다. 뒷발을 앞발 옆보다 살짝 뒤쪽에 서서히 둔다. 발과 땅 사이에 마찰이 생기면서 천천히 멈추게 된다.

마찰이 생겨서 멈추는 것이지만, 앞발로 멈춘다는 생각으로 힘의 90퍼센트는 앞발에 있어야 한다. 뒷발에 무게가 더 실리는 순간, 콩콩거리면서 다리에 무리가 가기 때문이다.

푸쉬오프와 함께 연습하는 방법으로, 푸쉬를 3번 정도 해서 속도를 만든 후 버티다가 뒷발을 내려놓으면서 풋브를 할 수 있다. 적응이 되고 능숙해지면, 앞발이 1자가 아닌 약간 사선이어도 충분히 풋브를 할 수 있다. 급작스레 풋브가 필요할 때 앞발을 바꾸지 않아도 되니 시간이 단축된다.

풋브가 보드를 멈추는 가장 기초적인 방법이지만, 정말 위급한 상황에선 보드에서 그냥 뛰어내리는 게 낫다. 보드가 망가질 수도 있지만 그보다는 몸이 안전한 게 최우선이다.

보더라면 이것만은 알아두자 ❸ 슬럼프 극복법

보드를 타다보면 '나 요즘 슬럼프인가?' 싶을 때가 종종 있을 것이다.

보드가 내 마음대로 굴러가지 않고, 원래는 잘 되던 기술이 되지 않아 슬럼프처럼 느껴진다면, 기본과 이론으로 돌아가는 것이 상책이다. 보드를 탈 때 내 몸의 움직임 중 무언가 잘못되었기에 제대로 안 타지는 것이다. 크로스 스텝이 잘 안된다면 크로스 스텝의 발 위치, 무릎과 골반 방향, 상체와 어깨의 모양, 팔과 머리 위치, 시선 등으로 하나씩 체크해보자. 스스로를 돌아보며 세세하게 점검하다보면 다시 교정이 된다.

보드가 타기 싫어지고, 그만두고 싶어진다면 보드를 잠시 쉬는 것도 좋다. 보드 이외에도 스스로 즐길 수 있는 취미를 이용해 스트레스를 해소해보자. 혹은 보드를 들고 한강이나 경치 좋은 곳으로 떠나보자. 다른 건 하지 말고, 그냥 음악을 들으며 크루징을 하는 것도 하나의 방법이다. 시간이 많다면 보드 여행을 떠나서 새로운 곳에서, 새로운 사람들과 즐길 수도 있다. 함께할 때 가장 즐거운 사람들과 어울리며 타는 것도 좋다. 그동안 자신이 보드를 타던 영상들을 다시 보는 것도 도움이 된다.

카빙(Carving)

카빙은 방향 전환이다. 발가락 방향으로 도는 것을 토사이드 카빙, 뒤꿈치 방향으로 도는 것을 힐사이드 카빙이라 한다.

1단계

어깨와 시선을 이용해 카빙을 느낀다. 어깨를 진행방향 12시에 맞추고 시선은 정면을 바라보는 것이 기본자세이다. 어깨를 20도 정도 열고 정면을 바라보면 보드는 천천히 힐사이드 카빙이 들어간다. 어깨를 다시 정면으로 맞춘 뒤 20도 정도 안쪽으로 닫아주고 시선은 정면을 향하면, 반대로 토사이드 카빙이 들어간다. 어깨와 시선이 꼬이는 느낌이 들게 한다. 처음엔 한 방향으로 원을 그리고, 반대 방향으로 원을 그릴 때까지 연습한다.

2단계

기울기를 추가해서 카빙을 조금 더 깊이 준다. 어깨와 시선을 이용한 카빙 속에서 상체를 카빙 방향으로 기울여준다. 단, 상체를 구부리지 않아야 한다. 상체를 편 채로 기울이기만 한다.

3단계

몸의 업&다운을 추가한다. 어깨를 열면서 기울기를 추가할 때, 무릎을 구부리면서 엉덩이는 그대로 아래로 내려오면서 무게를 실어 카빙을 더욱 깊게 준다. 그 위치 그대로에서 몸을 위로 끌어올리고, 정면으로 넘어온다. 반대편으로 어깨를 닫으면서 카빙을 줄 때도 마찬가지로 무릎과 엉덩이를 다운시키면서 무게를 싣는다. 몸이 오르락 내리락하면서 중심이 되는 어깨는 ∞자를 그리게 된다.

카빙을 연습할 때 S자를 그리는 것이 좋은데, 이를 확인하기 위해 일정거리마다 꼬깔콘이나 종이컵 같은 것을 두고 연습한다. 한 방향으로는 자연스럽게 잘 되지만, 나머지 한 방향은 부족한 게 일반적이다. 자신이 부족한 방향의 카빙을 확인하고, 그 부분에 신경을 써서 카빙을 보완한다.

보더라면 이것만은 알아두자 ❹ 프리스타일 대회에서 채점하는 방식

대회마다 성격이 다르고, 조금씩 집중하는 포인트가 다르지만, 채점 방식에는 공통점이 있다. 스타일, 댄싱, 트릭, 플로우(연계)를 전체적으로 본다.

자신만의 스타일이 잡힌 사람은 플러스 점수를 얻는다. 보드는 자신을 표현하는 수단이기도 한데, 남을 따라하기만 하는 것보다는 개성이 있어야 좋은 평가를 받는 것이다. 댄싱에서는 속도, 카빙, 스텝의 다양성, 난이도를 본다. 트릭은 스핀류 트릭, 플립 트릭, 메뉴얼 트릭, 제자리에서 하는 트릭을 다양하게 보면서 난이도와 함께 점수를 매긴다. 플로우는 단일 기술들뿐만 아니라 기술들이 연속적으로 이어지며 나름의 흐름을 만드는 것을 뜻하고, 이 역시 매우 중요한 요소다. 기술을 실패하면 플로우가 끊기게 되고, 대회에서 실수가 많으면 아무리 어려운 것을 하더라도 전체적으로 좋은 점수를 얻기 힘들다.

대회는 어쩔수 없이 총체적으로 봐야 하기에 이 모든 걸 채점한다. 그러나 즐거움을 위한다면 자신이 원하는 장르, 기술들만 구사해도 상관없다. 1등을 위한 것이 아닌, 함께 즐기기 위함이 목적이기 때문이다.

5 크로스 스텝(Cross Step)

롱보드 댄싱 스텝에서 가장 기본이 되는 스텝이 두 가지 있다. 바로 크로스 스텝과 180 스텝이다. 둘 중 무엇을 먼저 하든 상관은 없다. 크로스 스텝은 기본 스텝 중 하나로서 가장 많이 밟게 되는 스텝이다. 크로스 스텝을 깔끔한 카빙으로 이쁘게 할 수 있을 때까지 충분한 연습이 필요하다.

스텝
발 모양

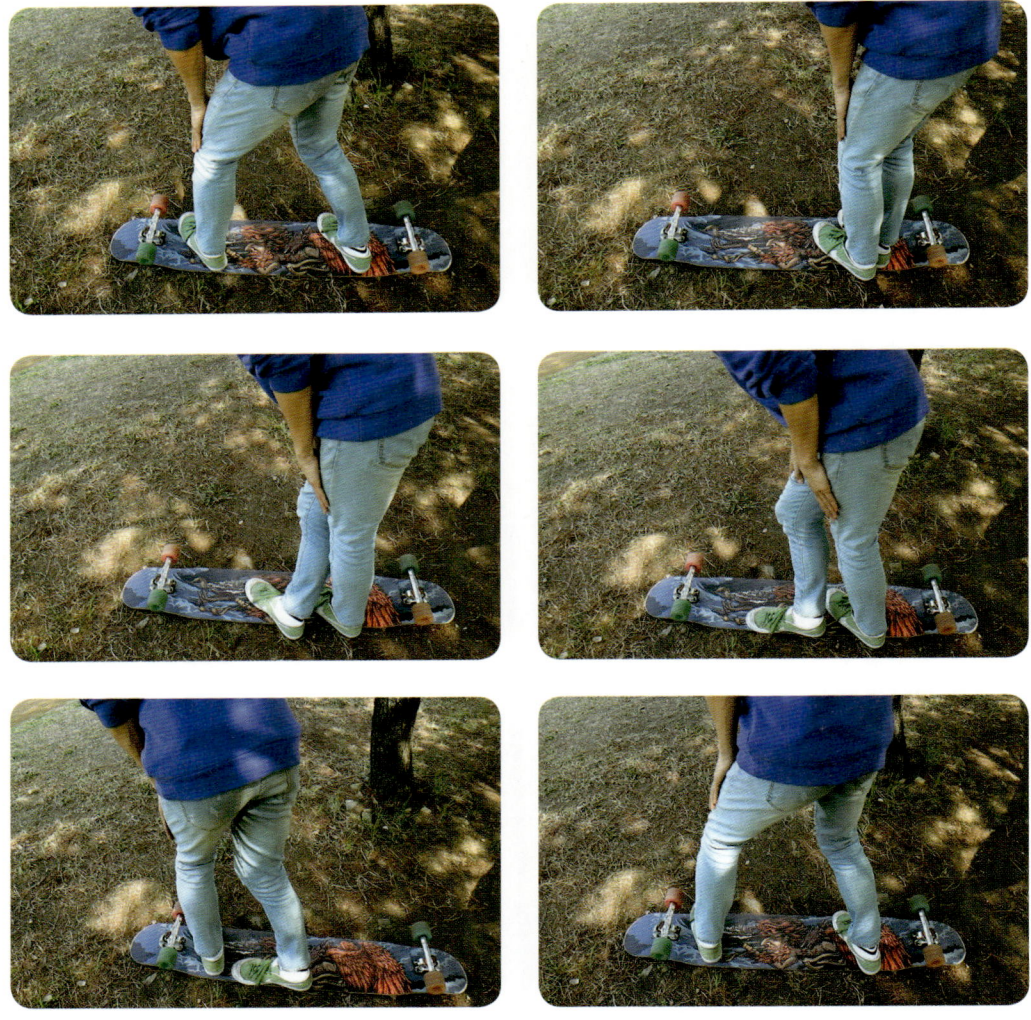

초보자가 스텝을 연습할 땐 데크를 뒤집어놓고 하는 것이 안전하다.

롱보드 라이프

주행 중에 기본 스탠스에서 앞발을 뒷발에 가까이 붙여 사선 모양으로 둔다. 이때, 데크 중앙에 두는 것이 아니라, 약간 뒤꿈치 쪽으로 빠지게 둔다. 뒷발이 앞발을 넘어와 크로스 시키는데, 이때 발을 1자에 가까이 둘수록 발이 편하다. 사람에 따라 사선으로 두거나, 아예 꺾어서 직각으로 만드는 경우도 있다. 이때도 두는 발이 처음 움직인 발처럼 뒤꿈치 쪽으로 빠지게 한다. 다음으로 꼬인 발을 푸는데, 꼬인 상태에서 뒷발(원래 스탠스에서 앞발)을 원래 스탠스 모양으로 앞에 위치시킨다. 이때는 살짝 발가락 방향으로 발을 조금 더 위치시키는 게 좋다. 마지막으로 뒷발을 원래 있던 위치로 뒤로 빼면서 크로스 스텝이 끝이 난다.

스텝 카빙 방향

주행 중에 원래 스탠스에서 양발 발가락 쪽 토카빙을 준다. 토카빙이 들어간 후에 앞발이 뒤로 옮겨질 때 뒤꿈치 쪽 힐카빙이 들어간다. 뒷발이 앞발을 넘어 옮겨질 때도 같은 방향 카빙이 들어간다. 발이 풀리며 앞발, 뒷발이 차례대로 원래 스탠스로 넘어올 때 양발 모두 토카빙이 들어간다. 보통 '(토)힐힐토토'라고 말한다.

카빙에 따른 상체 움직임

처음 스탠스에서 골반과 상체는 정면이 아닌 약간 사선을 향한다. 앞발을 뒤쪽으로 끌면서 사선으로 넘어올 때, 움직인 발의 발가락이 향하는 쪽으로 골반과 상체의 방향을 맞춰준다. 처음 움직인 발은 약간 사선, 두 번째로 움직인 발은 사선에서 직선에 가깝기 때문에 몸을 더 열면서 방향을 맞춰야 한다. 세 번째로 앞발이 원래 위치로 넘어올 때 발가락이 향하는 방향은 토카빙이 들어가는 방향이니, 그에 따라 골반과 상체를 맞춘다. 이때 몸 동작은 열린 몸이 닫히는 형태이다. 마지막 뒷발이 원래 자리로 들어갈 때도 같은 방향으로 무릎을 다운시키며 안정적인 형태를 만든다.

롱보드 라이프

골반, 상체 외에 어깨도 신경을 써야 한다. 크로스 스텝 도중 힐카빙이 두 번 연속으로 들어가면 보통은 그 방향으로 떨어지게 된다. 이때 떨어지는 방향의 어깨를 들어주면 균형을 잡는 데 도움이 된다. 카빙 시 양팔을 위로 들어올린 자세를 취하기도 하는데, 이것 역시 어깨를 자연스레 올리기 위한 방법이다. 처음엔 팔을 쓰더라도 나중엔 어깨만으로 해결할 수 있도록 연습을 해야 한다.

크로스 스텝 연습 팁

가장 많이 하는 실수는 힐 카빙을 연속으로 두 번 밟고 떨어지는 것이다. 처음 연습할 때 완벽한 크로스 스텝을 하지 않아도 좋으니 균형 잡는 연습을 해두는 게 좋다. 이때 발이 크로스 된 상태로 어깨를 들어주고, 원을 다 그릴 때까지 버티는 연습을 한다.

보더라면 이것만은 알아두자 ❺ 댄싱을 잘한다는 것

'댄싱을 잘한다'라는 말에는 여러 가지가 포함되어 있다. 가장 간단하게 말하면, 타는 모습이 누가 봐도 자연스러워 보일 때 그 사람은 잘 탄다고 말한다.

보드를 자연스럽게 타려면 카빙이 좌우로 잘 실려야 한다. 카빙이 실릴 때 발부터 무릎, 골반, 상체, 어깨, 팔, 시선 모두가 잘 어우러져야 한다. 댄싱은 스텝 자체는 많지 않다. 오히려 어려운 스텝은 간간이 들어가고, 기본 스텝을 이쁘게 하는 것이 더 중요하다.

속도도 빼놓을 수 없는 요소다. 댄싱 속도는 스텝 속도, 주행 속도로 나뉜다. 스텝 속도는 사실 취향에 달려 있기에 크게 관계는 없다. 흐르듯 이어지기만 한다면 말이다. 단, 주행 속도는 느린 것보다 빠른 게 좋다. 느릴 경우, 스텝 몇 번에 속도가 다 죽어버리기 때문이다. 속도가 없으면 카빙이 들어가지 않는다. 속도가 너무 죽었을 때, 룩백이나 고스트 라이더 등을 활용해 속도를 더할 수는 있지만, 계속 그렇게 탈 순 없기에 어느 정도 이상의 속도는 만드는 것이 좋다.

마지막으로 스타일이다. 보드를 타면 스타일이 중요하다는 말을 많이 듣게 되는데, 특히나 댄싱에서 스타일은 생명과도 같다. 트릭처럼 단계별로 어려운 것들이 계속해서 있어서 깨나가는 게 아니라, 정해진 기술들이 많지 않기에 스타일을 만드는 노력이 더 중요하다.

결론은, 자연스럽게 보통 이상의 빠른 주행 속도에서 카빙과 함께 스텝을 밟으며 자신만의 스타일이 나오면, 댄싱을 잘하는 것이다.

180 스텝

180 스텝은 보드를 타면서 스텝을 통해 몸을 180도 바꾸며 중간에 카빙이 들어가는 스텝이다.

스텝
발 모양

자기 스탠스에서 앞발을 뒷발 발가락이 있는 면에 1자로 둔다. 그런 뒤, 뒷발은 1자로 둔 앞발을 지나 원래 앞발이 있던 위치에 사선으로 놓는다. 1자였던 발을 뒤로 사선으로 둔다. 이렇게 되면 자기 스탠스에서 반대 스탠스 모양으로 180도 뒤집히게 된다. 원래 스탠스로 돌아오는 180 스텝까지 같이 연습하는 것이 좋은데, 마찬가지로 앞발을 뒷발 발가락 있는 면으로 1자로 둔다. 뒷발이 앞발 위치로 넘어오고, 1자로 둔 발은 뒤에 놓으면서 원래 스탠스로 돌아온다.

스텝
카빙 방향

원래 스탠스에서 발을 옮기기 전에 뒤꿈치 있는 쪽으로 카빙을 먼저 둔다. 이렇게 스텝을 밟기 전에 반대편 방향으로 카빙을 두는 것을 셋업 카빙이라 한다. 앞발을 1자로 두면서 그 방향으로 카빙이 들어간다. 그 후 뒷발이 앞쪽으로 넘어올 때 발가락 방향으로 무게가 실리면서 반대 카빙이 들어가고, 1자로 둔 발을 뒤에 위치시키면서 카빙이 완성된다. 반대 스탠스에서 하는 180 스텝 역시 마찬가지다. 양방향 180 스텝을 연결해서 할 경우, 반대 스탠스에서 앞발이 1자로 넘어올 때 들어가는 카빙과 전 스탠스에서 180 스텝을 완성시킬 때 들어가는 카빙 방향이 같아서, 연결

되면 한쪽으로만 카빙이 깊이 들어간다. 그러니 타이밍을 잘 맞춰 양방향 카빙이 균등하게 들어가도록 박자를 맞추는 게 중요하다.

카빙에 따른 상체 움직임

댄싱에 있어 상체 움직임은 자연스러운 몸동작을 만들어내는 데 매우 중요한 요소다. 발을 움직일 때, 움직인 발의 발가락이 향하는 방향으로 몸을 선행해서 위치시킨다. 발가락의 방향이 골반과 상체가 향하는 방향과 같아야 한다. 처음 스탠스에서 몸과 골반이 사선을 향해 있다면, 앞발을 1자로 움직일 때 몸과 골반이 정면을 향하게 만든다. 뒷발이 앞쪽으로 넘어오면서 180도 바뀔 때, 몸과 골반을 발가락이 향하는 방향으로 맞춰주면 발뿐만 아니라 몸 전체가 180도 바뀌게 된다. 이때 초반에 많이 하는 실수가 몸이 따라가지 않고 발만 움직이는 것이다. 이렇게 되면 자연스런 동작과 카빙이 나오지 않으니 주의해야 한다.

180 연습 팁

움직인 발의 발가락 방향을 알기 때문에 상체를 미리 그 방향으로 위치시킨 채로 발이 나중에 따라오게 되면 안정적인 스텝을 밟을 수 있다.

롱보드 라이프

보더라면 이것만은 알아두자 ❻ 댄싱 라인 만드는 법

댄싱은 카빙 속에 스텝을 이어 밟으며 라인을 만들어내는 장르다. 라인을 만들어내는 법은 간단하다. 기본 카빙 한쪽이 들어가면, 다음엔 반대편이 들어가는 것에 맞춰서 스텝을 이어붙이면 된다.

처음 스텝을 하나씩 배울 때부터 연결해서 연습하면 좋다. 예를 들어, 처음에 크로스 스텝을 익힌 뒤 180 스텝을 배웠다고 가정해보자. 보통은 새로 배운 180 스텝을 익히기 위해 180 스텝만 반복해서 연습할 것이다. 하지만 댄싱 라인을 만들 생각이라면 180 스텝을 연습할 때 크로스 스텝을 앞에 먼저 한 뒤 180 스텝을 바로 이어서 연습한다. 이것만으로도 아주 작은 단위의 라인이 생기는 것이다. 180 스텝 이후에 피터팬을 배웠다면, 이번에는 크로스 스텝 - 180 스텝 - 피터팬을 이어서 연습한다. 예습과 복습을 동시에 하는 셈이다.

배운 스텝이 많아져서, 더 이상 새로 배울 스텝이 없어지는 순간이 온다. 그럴 땐 기존의 스텝을 다른 방향으로도 만들어본다. 예를 들어, 기본적으로 힐사이드 카빙이 들어가는 크로스 스텝을 주로 했다면, 이것을 카빙을 반대로 바꿔서 토사이드를 밟아가는 크로스 스텝으로 만드는 것이다. 이렇게 카빙 방향을 다르게 하거나, 혹은 페이키로 아예 뒤돌아서 똑같은 스텝을 밟으면 또 다른 라인이 나오게 된다.

이미 알고 있는 스텝으로 다른 라인을 만들고 싶다면, 먼저 하나의 스텝을 정하고 그와 어울리는 카빙을 정해 앞, 뒤 스텝들을 만들어나간다.

어느 순간, 아예 새로운 스텝을 만들고 싶을 때도 있다. 그럴 때는 기존에 존재하는 스텝 두 가지를 하나로 합쳐버리면 새로운 것이 탄생한다. 예를 들어, 내가 만든 피루엣을 하던 중간에 뛰어 크로스 랜딩을 하는 스텝이 있다. 이것은 피루엣과 리버스 크로스 스텝을 합친 것이다.

이러한 방식으로 여러 가지 다양한 라인을 만들 수 있다.

피터팬(Peterpan)

푸쉬오프를 제대로 할 줄 알면 풋브레이크가 딸려오듯이, 180 스텝을 잘하게 되면 피터팬이 저절로 따라온다.

롱보드 라이프

스텝 발 모양

180 스텝과 마찬가지로, 앞발을 뒷발 발가락 있는 쪽에 둔다. 180 스텝에서는 다음 스텝이 데크 앞쪽에 반대 스탠스 모양으로 두는 것이지만, 피터팬에서는 1자로 둔 앞발 바로 옆에 1자로 위치시켜서, 다리가 꼬인 11자 형태가 된다. 앞발이었던 발을 원래 위치로 앞에 두고, 뒷발을 원래 위치로 두면서 마무리를 짓는다. 11자가 되는 형태를 반복하면서 피터팬을 오래 밟을 수 있다.

스텝 카빙

180 스텝과 마찬가지로, 뒤꿈치 방향 힐카빙을 주고 앞발을 움직인다. 움직인 앞발이 있는 위치로 반대쪽 카빙이 들어간다. 뒷발이 앞발을 넘어와 11자로 만들면서 다시 반대편 카빙이 들어간다. 발이 원래대로 풀릴 때는 전 카빙과 반대편인 발가락 쪽 토카빙을 주며 마무리한다.

  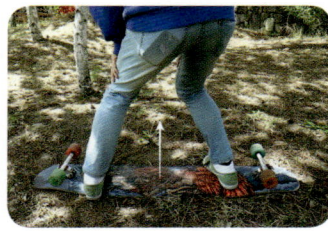

카빙에 따른 상체 움직임

골반과 상체방향은 발이 1자인만큼 정면을 보게 만든다. 다만, 발을 빼서 반대편으로 넘기는 중에 골반을 안쪽으로 틀어준다. 어깨는 카빙이 들어가는 방향에 맞춰서 들어준다. 시선과 얼굴의 위치는 다음 피터팬이 들어갈 장소에 미리 위치시켜 둔다.

피터팬 연습 팁

처음 연습할 때 한 스텝, 한 스텝에서 떨어지기 쉽다. 크로스 스텝을 연습할 때처럼, 한 쪽 카빙이 들어가고 난 뒤 한 발로 큰 원을 그릴 때까지 버티는 연습을 한다. 양쪽 모두 연습하는 게 좋다.

한 발로 버티면서 피터팬을 하다가 도저히 버티기 힘들 때, 떠 있는 발로 바닥을 살짝 쓸면서 넘기는 연습도 좋다. 이때, 바닥에 닿아도 된다.

이렇게 버티는 연습과 넘기는 연습으로 한 발, 한 발 차분히 연습한다.

보더라면 이것만은 알아두자 ❼ 스타일 만드는 법

보드는 열심히 타는데 스타일이 없다는 말을 듣는 사람들이 있다. 스타일에도 노력이 필요하다. 새로운 기술을 익힐 때 시간과 노력을 들이듯이, 스타일에도 따로 시간과 노력이 필요하다.

보통 자신이 재미있어 하는 것들 위주로 많이 반복하다 보면 저절로 스타일이 만들어진다. 스타일은 각자 다르기 때문에 남에게서 배울 수 있는 게 아니다. 물론 다른 사람에게서 영감을 받을 순 있지만 그것은 그 사람의 스타일을 따라 하는 것이지 나만의 스타일이라고는 할 수 없다. 다른 사람과 비교하지 말고 자신이 즐거워하는 기술 위주로 하다보면 어느 순간 누가 봐도 '어? 저 사람은 다르다. 저 사람 스타일 좋다. 본 적 없는 스타일이다.'라는 말을 듣게 될 것이다.

댄싱 같은 경우, 데크는 카빙과 함께 진행하고 온몸이 움직인다. 상체와 하체를 어떤 방향으로 움직이고 뻗는지에 따라 스타일이 달라진다. 트릭의 경우, 데크를 회전시키거나 혹은 플립을 주기 위해 킥을 활용하기에, 킥 팝에 따라 스타일이 나오고, 또한 자유로운 상체의 움직임을 통해 스타일을 갖춰나갈 수 있다.

스타일을 중요하게 생각한다면, 기본 기술을 처음 익힐 때부터 스타일에 시간을 들여야 한다. 이미 많은 것을 배우고 익힌 후에 굳어져버리면 스타일을 만드는 게 더 힘이 들기 때문이다.

360 스텝(360 Step)

360 스텝은 롱보드 댄싱 스텝 회전류의 기본 스텝이자, 180 스텝의 변형 스텝이다.

스텝 발 모양

180 스텝과 앞 부분은 동일하다. 앞발을 뒷발 발가락 방향으로 1자로 둔다. 뒷발을 반대 스탠스로 넘어가는 위치로 앞에 둔다. 180 스텝은 1자로 뒀던 앞발을 뒤쪽으로 두면서 스텝을 완성하지만, 360 스텝은 1자로 뒀던 발을 180도 뒤집어 반대 옆면에 둔다. 앞으로 간 뒷발을 다시 움직여, 원래 위치인 뒤에 둔다. 180도 뒤집은 앞발을 원래 스탠스 위치로 놓으며 360 스텝을 완성한다.

스텝 카빙

180 스텝과 전반부는 동일한 카빙을 갖는다. 앞발이 옮겨지면서 토카빙이 들어가고, 뒷발이 앞으로 넘어오면서 반대편 카빙이 들어가기 시작한다. 이때 무게를 다 실어서 카빙을 완전히 주는 것은 아니고, 1자로 옮겨졌던 카빙이 뒤집어지면서 카빙이 깊게 들어간다. 움직여서 앞쪽에 위치된 뒷발이 원래 위치로 돌아오면서 다시 토카빙이 들어가기 시작하고, 뒤로 1자로 옮겨졌던 발이 원래 자리로 돌아가면서 토카빙이 깊이 들어간다.

카빙에 따른 상체 움직임

180 스텝과 전반부는 움직임이 동일하다. 앞발이 1자로 올 때, 골반과 상체는 정면을 향한다. 두 번째로 뒷발이 앞으로 넘어올 때, 발가락이 향하는 방향으로 골반과 상체를 위치시킨다. 1자로 옮겼던 앞발을 180도 뒤집을 때, 골반과 상체 모두 발가락 방향, 즉 보드 진행 방향과 반대 방향으로 위치시킨다. 앞으로 옮겨졌던 뒷발이 원래 위치로 넘어오면서 몸도 돌고, 뒤집어진 앞발이 원래 위치로 넘어오면서 골반과 상체는 대각선 앞쪽을 향하며, 스텝을 밟으며 360도 돌아 원위치로 온다.

주의할 움직임은, 보드가 움직이는 방향과 내 몸은 반대방향인 채 뒤돌았을 때이다. 이 때 뒤집힌 발과 보드 진행 방향 앞편에 있는 발 사이에 상체와 머리가 위치해야 한다. 만약 상체와 머리가 그 위치를 벗어나게 되면 밸런스가 무너져 앞이나 뒤로 넘어지게 된다.

롱보드 라이프

360
연습 팁

처음에는 뒤돌았을 때가 가장 무섭다. 무서워서 360 스텝을 완성하지 못한다. 스텝을 밟지 않아도 되니, 보드 진행 방향과 반대로 뒤를 보고 서서 가만히 타는 연습을 해서 익숙해지게 만드는 것이 중요하다.

뒤돌아서 넘어오는 과정에서 넘어지는 경우가 많은데, 상체가 뒤를 보는 과정에서 몸을 미리 더 틀어서 돌아가는 방향에 어깨를 미리 돌려놓는다. 이는 몸을 미리 돌려놔서 다리가 움직이기도 편하고, 균형을 잡기 위해서다.

중앙에서 돌리는 발을 떼서 돌리는 것이 아니라, 발가락을 기준으로 원을 그리듯이 비벼서 움직이는 것이 다음 회전 스텝들을 하는 데 도움이 된다.

보더라면 이것만은 알아두자 ❽ 초보 때부터 순간순간의 즐거움 느끼기

보드를 꼭 잘 타야만 재미있는 것이 아니다. 처음 보드 위에 발을 올리고, 앞으로 나아갈 수 있을 때 느끼는 재미가 분명히 있다. 굳이 어떤 기술을 하지 않아도, 단순히 움직이는 보드 위에서 바람 쐬는 기분은 정말 좋다. 그렇게 그 순간의 즐거움을 느끼면 된다. 새롭게 하나씩 기술들을 익혀가며 얻는 성취감도 즐겁다. 고생해서 하나를 성공했을 때 그 환희는 남다르다. 보드를 타면서 새로 익혀야 하는 것은 한도 끝도 없기에, 이 재미는 쭉 지속할 수 있다. 그 외에도 크루징을 하는 재미, 라인으로 실패하지 않고 이어질 때 느껴지는 희열 등 단순히 보드를 타는 것만으로도 이토록 많은 재미가 있다.

보딩을 혼자 즐기는 것도 좋지만 여럿이서 함께 타는 즐거움도 빼놓을 수 없다. 서로가 서로를 응원해주고 장난도 치면서 함께 보드 타는 시간을 웃음으로 채운다. 보드 정으로 이어진 인연과 함께 보드 여행도 다니며 색다른 재미를 느낀다. 내 주변에 같은 취미를 즐기는 좋은 사람이 생기는 것이다.

보드를 오래 타고 익숙해지면, 간혹 TV 출연이나 광고 촬영 제의가 들어오기도 한다. 삶에 색다른 이벤트가 생기는 재미도 있는 것이다.

이렇게 보드를 타면서 순간순간 다양한 즐거움을 느끼다보면 어느덧 자연스럽게 보드가 삶의 일부분이 된다. 삶에 재미, 즐거움이란 가치가 들어선다.

피봇(Pivot)

풋트릭의 가장 기초인 피봇이다. 피봇은 보드를 돌리면서 몸도 함께 돌아가는 것을 말한다. 돌아가는 회전에 따라, 180 피봇, 360 피봇, 540 피봇 등으로 불린다. 가장 기초인 180 피봇부터 연습한다.

풋 포지션 (발 위치)

앞발을 움직여 노즈킥 위치에 둔다. 뒷발은 보드 중앙쯤에 둔다. 그립테잎이 없는 경우엔 뒤꿈치 쪽에 데크를 살짝 걸어둔다. 발 두는 위치에 따라 쓰는 힘도, 모양도 조금씩 달라진다.

앞발을 트럭 앞쪽 킥에 전부 두면 데크가 가볍게 들려 빠르게 움직일 수 있다. 앞발을 킥 약간 뒤편, 트럭 볼트 4개 있는 곳에 두면 데크가 무거워 느리게 돌아간다. 앞발을 어디에 놓든지 할 수 있어야 한다. 트럭 위치에 두는 이유는 나중에 원풋 피봇(한 발로 피봇)을 하기 위해서다.

뒷발도 보드 중앙에서 좀 더 앞발에 가깝게 하거나 혹은 반대로 더 멀리 둘 수 있다. 앞발에 가까워지면 좀 더 빨리 돌릴 수 있고, 멀리 두면 힘이 더 필요하기에 느리게 돌아간다.

무게중심

앞쪽 트럭을 기준으로 보드가 돌기 때문에, 양발 가운데를 기준으로 가운데에서 트럭에 가까운 쪽에 무게를 두는 것이 좋다. 트럭 있는 쪽에 무게와 골반, 상체를 두는 것이 제일 좋다. 만약 무게를 두는 곳이 뒷발이 되면, 아무리 보드를 돌리려고 해도 상체만 허우적거리고 보드는 움직이지 않는다.

상체 움직임

발로 데크를 돌리는 모양이지만, 상체의 힘이 중요하다. 먼저, 상체를 데크가 돌아가는 방향으로 돌리면 몸이 꼬인다. 꼬인 몸이 풀리는 힘으로 하체가 돌아가는데 그때 데크와 함께 넘어온다. 처음에 상체를 움직이기 전에 무릎을 굽혀 앉았다가, 상체가 꼬이면서 하체를 돌릴 때 몸을 일으키고, 보드가 다 돌면 앞으로 앉는다.

180 피봇 연습 팁

처음부터 180도 다 돌릴 수 없으니, 20도, 40도, 90도, 120도 등으로 차츰 늘려가며 연습한다. 180도 다 돌리고 나서 보드가 멈추는 경우가 있는데, 이를 방지하기 위해서는 무게중심 넘기는 연습이 잘 되어 있어야 한다. 상체를 먼저 돌리고 시선은 180도 넘어 올 자리를 미리 본다. 보드가 180도 다 돌아서 보고 있는 위치에 왔을 때, 넘어가는 다리 쪽으로 무릎을 굽히며 앉는다. 이렇게 되면 진행 방향 쪽 앞발에 무게가 실리면서 보드가 진행한다.

보더라면 이것만은 알아두자 ❾ 트릭 성공? 트릭으로 라인이 된다는 것

'트릭 성공'이란 트릭을 해서 양발이 데크 위에 올라 탄(랜딩) 후 보드가 주행하는 것을 말한다. 보드에는 바퀴(휠)가 달려 있기에 성공하면 앞으로 주행하게 되어 있다. 그래서 '스케치'라는 개념도 있다. 스케치는 트릭 후 랜딩은 했지만, 간신히 타서 보드 위에서 떨어지지 않고 균형을 잡기 위해 다른 행동을 취하는 것을 말한다. 예를 들어, 중심을 제대로 못 잡아 보드가 멈추면 피봇을 통해 보드를 움직이는 것이다. 스케잇 게임에서 스케치가 나오면 Re-do, 다시 하라고 말한다. 그저 타기만 한 것으로는 트릭을 성공했다고 인정받을 수 없다. 반드시 주행이 되어야만 한다.

트릭을 좋아하는 사람은 트릭을 연속으로 하는 라인을 만든다. 트릭 라인의 경우, 트릭 후 안정적인 주행이 되는 상태에서 푸쉬오프를 넣는 것과 멈춘 것을 푸쉬오프하는 것은 크게 다르다. 또한, 중요한 것은 랜딩하면서 스탠스가 바뀌는 노컴 빅스핀 같은 것을 했을 경우, 바뀐 스탠스에서 트릭을 해야 라인으로 이어지는 것이다. 간혹, 랜딩 시 스탠스가 바뀌는 트릭을 한 후, 그저 몸을 돌려 원래 스탠스로 만드는 경우가 있다. 이렇게 되면 트릭 라인이라고는 부를 수 없다. 그냥 몸을 돌려 스탠스를 바꾸는 순간 트릭 라인은 거기서 끝이 난다.

셔빗(Shuvit)

셔빗은 피봇 다음에 익히는 트릭으로, 피봇이 몸에 익으면 쉽게 할 수 있다. 셔빗은 보드와 몸이 함께 따라가는 피봇과 다르게, 보드는 돌아가지만 몸은 돌아가지 않는다. 처음부터 점프를 하면서 셔빗을 하기는 어려우니 연습이 필요하다.

1단계

피봇을 돌리고나서 앞발을 비비면서 몸을 돌려 원상태로 만든다. 처음 뒷발을 테일 방향으로 틀어서 사선 모양을 만들고 피봇을 돌리면, 피봇 후 비비는 발이 조금만 돌아도 몸을 돌릴 수 있다.

2단계

몸을 원상태로 돌리는 1단계 연습을 많이 한 후, 점프를 하면서 셔빗을 한다. 피봇을 돌릴 때도 각도를 늘려가며 180도가 되었듯이, 셔빗도 마찬가지로 처음부터 180도를 다 돌리면서 뛰기는 어렵다. 피봇을 가능한 한 많이 돌리다가 마지막에 뛰는데, 레귤러 기준 2시 방향, 구피 기준 10시 방향으로 뛰면, 보드가 180도 다 돌지 않아도 탈 수 있다.

3단계

2단계로 익숙하게 타기 시작하면, 서서히 보드를 돌리는 힘이 익숙해져 자연스레 180도 다 돌리면서 타게 된다.

보더라면 이것만은 알아두자 ⑩ 스팟 매너

일반적으로 보드는 야외에서 탄다. 지역별로 보드를 타기 좋은 스팟들이 있고, 그곳에서 여러 사람들이 모여서 탄다. 혼자 타는 것이 아니기에 서로 지켜야 할 규칙들이 있다.

1. 쓰레기 버리기 : 보드를 타다보면 목이 말라서 마실 것을 사오게 된다. 다 마시고 나서 생긴 쓰레기는 본인이 처리해야 한다.
2. 담배 : 보드를 타면서 담배를 피우는 행동은 사람들의 눈살을 찌푸리게 한다. 한쪽에 가서 피우면 된다.
3. 과도한 친절 금지 : 친절은 좋지만, 상대방이 원치 않는 과도한 친절은 하지 않는 게 좋다. 묻지도 않았는데 새로운 것들을 강요하며 가르치거나, 은근슬쩍 스킨십을 하는 행동은 삼가라.
4. 허락 받지 않고 타인의 보드 타기 : 보드를 처음 경험하러 온 경우, 로컬들이 보드를 잠시 빌려주기도 한다. 그런데 이런 경우와 다르게, 쉬고 있는 사람의 보드를 허락도 받지 않고 타는 사람이 있는데, 이는 매너가 아니다.
5. 로컬 규칙 따르기 : 로컬에게 스팟 주의사항을 물어본다. 각 스팟마다 서로 충돌하지 않기 위해 타는 방향을 정해두기 마련이다. 뿐만 아니라, 보드 외에 다른 취미를 즐기는 사람들과의 스팟 영역도 있는 등 다양한 규칙이 있으니, 미리 알아두고 행동한다.

한마디로 말하면, 기본 매너 있는 사람이 되면 된다. 당신이 어떻게 하느냐에 따라 롱보드 타는 사람들의 이미지가 정해지는 것이다.

부록

롱보드 피플

Longboard People Interview

Kim Joon eon

롱보드 라이프

롱보더 김준언

Q 자기소개 간단히 부탁드릴게요.

A '프레쉬망고' 혹은 '망고'라는 별명으로 알려져 있는 김준언입니다. 현재 광고를 비롯해 다양한 상업 영상을 만드는 Freshbox Film의 프리랜서 PD이자 촬영감독으로 일하고 있어요. '프레쉬망고'는 20대 초중반에 활동했던 온라인 동호회에서 만들었던 닉네임이에요. 당시에는 특별한 의미를 두고 만든 별명은 아니었는데, 10여 년이 지난 지금은 본명보다 더 많이 불리게 되었네요.

Q 어떻게 롱보드를 접하게 되었나요?

A 롱보드보다 더 오랜 시간 취미로 즐겨온 것이 스노보드인데, 매해 겨울이 끝나고 나면 소위 '비시즌' 동안 무엇을 해야 할지 고민스러웠어요. 또 다른 취미로 사진 출사나 볼링을 하기도 했지만, 그보다는 보드가 타고 싶었거든요. 그러던 중 프로 스노보더이자 롱보드 전문샵을 운영하기도 했던 이기영 프로가 강원도 양양 지역에서 롱보드를 타는 영상을 보고, 롱보드라는 걸 처음 알게 됐어요. 곧바로 구글과 유튜브를 통해 롱보드에 대해 알아본 후 처음으로 Loaded 사의 Vangaurd를 구매했죠. 그때가 2010년 겨울이었으니 이젠 롱보드도 꽤 오랜 시간 즐거운 취미가 됐네요.

Q 롱보드 영상을 많이 찍으셨는데, 어떻게 찍게 되셨나요?

A 처음 롱보드를 구매하고 하루에도 몇 시간씩 유튜브와 비메오에서 롱보드 영상을 찾아봤어요. 외국 영상을 통해 슬라이드나 댄싱 스텝 등 롱보드의 다양한 기술들을 공부하고, 또 팁을 얻었던 거죠. 당시에 Jual Rayos, Benjamin Dowie, Alberto Alepuz 감독의 기획 영상들과 Loaded Newsletter 채널에 올라오는 재미있

는 아이디어를 담은 영상들을 보면서, 롱보드 영상은 다른 스포츠 종목의 영상과는 구별되는, 독특한 개성과 매력이 있다고 느꼈어요. 그리고 막연히 저도 그런 영상이 만들고 싶어졌고, 잘 만들 수 있겠다는 생각을 했죠. 대학 시절부터 사진 촬영을 해왔고, 또 투잡으로 영상을 만드는 일도 했었기에 롱보드 영상을 만들어보겠다고 마음 먹은 것은 자연스러웠던 것 같아요.

Q Freshbox Film을 통해서 무엇을 하고 싶으신가요?

A 처음에 '프레쉬망고'라는 이름만을 내걸고 영상을 만들었을 때도, '늘 새롭고 신선한 느낌의 영상을 담겠다'는 의미를 가진 'Freshbox Film'을 만들고 난 후에도, 저는 항상 롱보드를 타면서 재미있고, 즐거워하는 '사람들'의 모습을 담고 싶었어요. 헬로 선데이(Hello, Sunday), 뉴제너레이션(New Generation), 겟 썸 프레쉬(Get Some Fresh) 등 제가 기획해서 만든 영상들과, 롱보드 브랜드와 콜라보레이션으로 만든 영상들을 보는 사람들이 롱보드 기술보다는 영상 속에서 맘껏 즐기고 노는 롱보더의 흥겨움과 행복감을 전해 받았으면 좋겠어요. 즐거움과 행복은 실력, 경력과는 무관한 것이라 생각하기에 모두가 함께 참여할 수 있는 피크닉 이벤트나 누구나 출연할 수 있는 영상 시리즈들을 다양한 형태로 계속해서 진행해나갈 생각이에요.

Q 요즘 롱보드씬을 보면 다들 영상을 많이 찍어요. 이제 영상을 시작하는 사람들에게 하고 싶은 조언이 있을까요?

A 지금은 영상전문가가 아니더라도 높은 퀄리티의 영상을 만들어내는 것이 가능한 시대예요. 스마트폰이나 액션캠의 촬영 성능이 전문가들이 사용하는 장비에 뒤지지 않거든요. 그만큼 좋은 영상을 만들기 위해서는 전문 장비에 욕심을 내기보다는 잘 만들어진 영상을 많이 보면서 공부하고, 또 따라하면서 연습하고, 할 수 있는 한 많이 찍고 만들어보는 것이 중요해요. 롱보드 기술을 얻기 위해 수없이 넘어지면서도 계속 연습하듯이, 영상도 시행착오의 과정과 끊임없는 노력이 필요한 것은 똑같거든요. 이와 더불어 영상을 통해 어떤 것을 보여주고 싶은지를 고민하고 그 답을 찾아낸다면, 많은 이들에게 공유되고 회자되는 멋진 영상을 만들어내는 것은 시간 문제 아닐까요?

Q 보드를 타면서 경험한 것 중에 특별히 기억에 남는 순간은?

A 아무래도 크게 다치면서 병원 신세를 졌던 경험이 가장 기억에 남네요. 롱보드 슬라이드 연습 중 넘어지면서 이미 한 차례 수술 치료를 받았던 어깨 부상이 재발했어요. 같은 부위를 두 번이나 수술하고도 완벽히 회복되지 않아서 예전처럼 어깨를 사용하기는 힘들어졌죠. 그래서 너무나도 하고 싶었던 테크니컬 다운힐에 대한 욕심은 접어야 했어요. 지금도 종종 '그때 다치지 않았더라면…' 하는 생각이 들면서 아쉬움이 남지만, 한편으로는 다운힐에 빠져 있었다면 지금처럼 좋은 영상을 많이 만들어내지는 못했을 것이라는 생각에 다행스럽다는 마음도 들어요.

Q 나에게 롱보드란?

A 나에게 롱보드란, '멀티툴'이에요. 새로운 취미활동으로 즐거운 여름을 보낼 수 있게 해준 것도, 나를 '망고'라고 부르는 많은 친구들을 만들어준 것도, 그전까지 하던 것과는 전혀 다른 새로운 영상 분야에 도전하게 만든 것도, 옆 동네 친구를 만나러 갈 때 버스 대신 타거나 무거운 짐을 옮길 때 쓰는 것도 모두 롱보드니까요.

인스타그램 @freshbox.film
페이스북, **유튜브**, **인스타그램** @freshbox film

Longboard People Interview
Shin Jae sik

롱보더 신재식

Q 자기소개 간단히 부탁드릴게요.
A 안녕하세요. 신재식입니다. 본업은 유통회사에서 일하고 있고요. 롱보드씬에서는 '찰리'라는 닉네임으로 불리고 있어요. 네이버 카페〈롱보드코리아〉를 운영하고 있어요.

Q 어떻게 롱보드를 접하게 되었나요?
A 롱보드를 타기 전에는 서바이벌 게임과 바이크를 타는 취미를 가지고 있었어요. 그때 고프로(액션캠)를 구입했어요. 서바이벌 게임영상 및 바이크 라이딩 영상을 찍으면서 액션캠 카페에 가입해서 구경하던 중에 롱보드 타는 고프로 영상을 보게 됐죠. 저도 모르게 확 빠져들게 되더라고요. 바로 롱보드를 검색해서 구입했죠. 이때가 2011년 9월이니 시간이 정말 빠르네요.

Q 어떻게 네이버 카페〈롱보드코리아〉를 운영하게 되었나요?
A 롱보드를 구입한 후 검색을 통해 롱보드 카페가 있는 것을 알았고, 네이버 카페에 가입하게 되었어요. 당시〈롱보드코리아〉는 회원이 500명 정도였고, 카페가

만들어진 지 1년도 채 되지 않은 상태였죠. 그렇게 처음으로 롱보드 모임에 나갔어요. 그 후로 일주일에 5일 정도를 롱보드를 타며 모임에 모두 나갈 정도로 활발히 활동했어요. 카페를 만든 운영자가 개인사정으로 더 이상 운영할 수 없게 되자 열심히 활동하고 있는 제게 카페 운영을 맡아 달라고 했죠. 처음에는 거절했지만, 당시 카페를 운영할 사람이 마땅히 없어 제가 카페 운영자가 되었어요.

Q 〈롱보드코리아〉 운영은 어떤 식으로 하나요?
A 〈롱보드코리아〉의 중심은 롱보드예요. 당연한 말이라고 생각하시겠지만, 기본과 원칙이 중요하다는 말을 하고 싶어요. 말인즉슨 롱보드 카페에서 롱보드를 보지 않고 다른 것들을 보고 운영을 한다면, 본질을 흐리고 욕심을 채우는 운영이 되겠죠. 그래서 원칙을 세운 것이, 롱보드 중심 비상업화로 운영하는 것이에요. 카페가 점점 커지다보면 운영해야 할 부분도 많아지기에 여러 도움을 받아야 하겠죠. 그래도 카페를 통한 영리목적으로 이용해서는 안돼요. 롱보드가 특정인들만의 놀이가 아닌 좀 더 공식적이고, 대중적인 레저스포츠로 나아갈 수 있도록 공식적인 행사와 캠페인을 해나갈 거예요.

Q 보드를 타면서 경험한 것 중에 특별히 기억에 남는 순간은?
A 롱보드를 타고 국내, 해외 여행을 가는 것이 가장 즐겁고 특별한 기억이에요. 국내는 롱보드코리아 각 지역별로 전국 스팟은 다 가본 것 같아요. 일본 오사카에서도 로컬보더들과 어울렸고요. 롱보드로 누구나 함께 공감하며 즐길 때가 가장 기분 좋죠. 아! KBS 〈아침이 좋다〉랑 MBC 〈나 혼자 산다〉에 출연했는데, TV에 나오니 신기하고 재밌었어요.

Q 나에게 롱보드란?
A 개인적으로 '도전과 열정'이라 생각해요. 나이 39세에 롱보드를 시작했어요. 누구나 많이 늦은 나이라고 생각할 거예요. 하지만 롱보드는 제가 나이를 생각하지 않게끔 도전과 열정이란 걸 느끼게 해준 고마운 존재죠.

네이버카페/페이스북 페이지 롱보드코리아

Longboard People Interview

Lee Ju ae

롱보드 라이프

롱보더 이주애

Q 자기소개 간단히 부탁드릴게요.
A 안녕하세요. 이주애입니다. 현재 초등학교에서 미술강사를 하면서, 롱보드, 프리다이빙 등 다양한 영상 콘텐츠를 만드는 등 프리랜서로 일하고 있어요. 최근에는 좋은 기회로 롱보더로서 모델 일도 조금씩 하고 있죠.

Q 어떻게 롱보드를 접하게 되었나요?
A 3년 전쯤, 개인적으로 굉장히 힘든 시기였어요. 집안 문제도 있었고, 장래에 대한 고민과 그밖에 많은 것들이 한꺼번에 저를 힘들게 하던 시기였죠. 정말 그냥 모든 걸 다 털어버리고 싶었어요. 그럴 때 있잖아요. 무언가에 집중해서 머릿속을 비우고 싶었던 거죠. 그러던 중 우연히 한강에서 롱보드를 타는 분들을 보게 됐어요. 보는 순간 '이거다!' 싶었죠. 바로 입문했어요.

Q 롱보드로 상업광고도 많이 찍으시던데, 어떻게 시작하게 된건가요?
A 전 보드를 타기 전부터 제 사진, 영상 같은 걸 찍고 남겨두는 걸 좋아했어요. 작은 꿈 하나가 저의 장례식장에 그간 살아온 모습들을 상영하는 거라서요. 롱보드를 타는 것도 자연스럽게 기록하게 됐죠. 처음엔 연습하며 자세를 고치기 위해서, 발전하는 모습을 기록하기 위해서였어요. 그러다 어느 날 영상 하나가 사람들에게 많은 관심을 받게 됐어요. 그렇게 제 SNS를 팔로우 해주시는 분들이 조금씩 늘어나게 됐죠. 자연스럽게 상업광고 제의도 들어오더라고요. 제가 할 수 있는 선에서 즐기면서 하려고 노력중이에요.

Q 롱보드를 타기 전과 후가 달라졌나요? 어떤가요?

A '이주애'가 달라졌어요. 그냥 저라는 사람 자체가 달라진 것 같아요. 전 약간은 보수적인 집안에서 자랐어요. 내가 해야 할 것, 하면 안되는 것 등을 항상 생각하며 정해진 길을 따라 살아왔죠. 그런데 보드를 타면서 새로운 사람들을 만나고, 새로운 곳을 여행하고, 새로운 경험을 하면서 깨달았어요. 그동안 내가 스스로 인생을 억누르며 살았구나, 참 재미없게 살았구나, 라는 것을요. 지금은 완전히 변했어요. 도전하는 것에 겁먹지 않고, 지금 이 순간을, 제 인생을 즐기려 노력하고 있어요.

Q 보드를 타면서 경험한 것 중에 특별히 기억에 남는 순간은?

A LA 보드 여행이요! 보드 타기 전에 제 여행은 정해진 일정에 맞춰 관광지에서 사진 찍는게 전부였어요. LA여행은 달랐죠. 처음으로 짜여진 스케줄 없이 발 닿는 대로, 길 따라 바람 따라 놀러 다녔어요. 온전히 그곳과 동화될 수 있었던 것 같아요. 그때의 경험이 제겐 너무 소중하고 많은 의미를 깨닫게 해준 것 같아요.

롱보드 라이프

Q 취미이자 삶의 큰 부분이 된 보드를 통해 좋은 인연을 만났다는데 사실인가요?

A 네! 바로 제 남자친구 이승리 군이죠. 사실 롱보드를 사들고 처음 스팟에 나간 날 반했어요. 원숭이처럼 생긴 귀, 장난기 가득한 목소리에 반해서 혼자 몇 달을 말도 못하고 짝사랑했었죠. 그 당시 승리 군은 롱보드계의 아이돌(?)이었거든요. 그렇게 6개월만에 사귀게 됐죠. 아무래도 같은 취미를 즐기다보니 오래오래 잘 만나는 것 같아요. 롱보드를 그저 하나의 취미가 아니라 인생의 한 부분으로 여기고 오래 즐기려 노력하는 모습도 닮아서 서로의 보딩에 긍정적 영향을 주기도 하죠. 저희 둘 다 꿈이 '롱보드씬을 오래 유지시키고 할머니 할아버지가 되어서도 보드 타고 다니자'거든요. 좋은 동료이자, 나의 선생님이자, 내 최고의 필르머이자, 사랑하는 인연을 만났어요.

Q 나에게 롱보드란?

A New wave..? 앞의 인터뷰에서 말씀드린 것처럼 롱보드를 타면서 정말 많은 새로움을 경험하고 있어요. 저라는 사람 자체도 변화하고 있고요. 이런 긍정적인 변화가 너무나 즐겁고 설레요.

인스타그램 @lee_juae
페이스북 @leejuae.longboarder

Longboard People Interview

Kim Jin hyun

롱보드 라이프

롱보더 김진현

Q 자기소개 간단히 부탁드릴게요.

A 안녕하세요. 김진현입니다. 현재 수제 롱보드를 제작하는 '클래식 롱보드'의 대표로 있어요. 롱보드씬에서는 다니엘이라고 불리는데, 페이스북 계정 이름이 다니엘이에요. 페이스북 계정 만들 때 영문 이름 적으라길래, 제 세례명인 다니엘로 적었거든요.

Q 보드를 접하기 전엔 어떻게 지내셨나요?

A 원래 활동적인 편이에요. 중, 고등학교 시절에는 비보잉을 했었고, 축구도 좋아했죠. 축구는 대학교 3, 4학년 때까지 많이 하다가, 그쯤부터 프리라인 스케이트와 스노보드를 즐겨 탔어요. 그러다 스케이트보드도 1년 정도 탔죠. 활동적인 취미뿐만 아니라 비트박스, 타로카드 등 취미가 많았죠. 여러 취미를 즐기다가 대학원 시절, 진로를 결정해야 할 때, 회사원은 못 될 것 같았어요. 마침, 현재 디웰 롱보드 대표인 김강현 형이 지인이었는데, 목수일 할 사람을 구하고 있었죠. 그래서 일을 시작한 거예요. 겨울엔 스노보드를 타고, 비시즌엔 일을 했죠.

Q 그럼 롱보드는 어떻게 접하게 되었나요?

A 스노보드 타던 시절, 매 시즌 시즌방에서 살았어요. 계속 타니까 실력이 늘더라고요. 그러던 중 친구가 운영하는 샵에서 스노보드 네버썸머 브랜드 스폰을 받게 되었죠. 네버썸머 브랜드는 롱보드도 가지고 있었는데, 샵에서 롱보드도 같이 들여온 거예요. 그래서 롱보드도 스폰을 받으면서 시작하게 됐어요. 당시, 프리스타일씬에서 데크 스폰을 받는 게 처음이었어요. 전 그것도 모르고 스폰을 받았었죠. 스노보드씬에는 스폰 받는 사람이 많으니까 롱보드도 마찬가지일 줄 알았던 거죠. 제가 최초라는 걸 알게 된 후에 부담감도 엄청났고, 그래서 더 열심히 탔어요. 힘든 목수 일을 하면서도, 일 끝나면 나가서 조금이라도 꼭 탔어요.

롱보드 라이프

Q 국내에서 스폰라이더로 활동하다가, 수제 브랜드를 만든 건 최초인데, 어떻게 하기 시작했나요?

A 제 일이 목수이고, 보드를 타니까, 제가 원하는 쉐잎(모양)의 보드를 만들고 싶었어요. 게다가 일하면서 선배들을 보니, 매년 나이가 들수록 기량이 떨어지는 게 보였죠. 이 두 가지가 맞물려서, 데크를 만들고, 이걸로 사업을 해야겠다고 마음먹었어요. 목수 일을 하던 회사 대표 형과 함께 동업으로 디웰 롱보드를 만들었죠. 그러다 현재는 분리가 되서, 저는 '클래식 롱보드'란 브랜드로 보드를 만들고 있어요.

Q 보드를 타면서 경험한 것 중에 특별히 기억에 남는 순간은?

A 당시에는 그냥 지나쳤는데, 시간이 지나고보니 신기한 경험들이 있어요. 보드 타던 초기에 '브라이언'이라는 한국계 캐나다인이 상암에 왔는데, 너무 잘 타는 거예요. 나도 나중에 저 사람처럼 잘 타고 싶다는 생각이 들었어요. 그땐 친한 사이는 아니었고요. 보드를 쭉 타면서, 제가 버퍼링이라는 영상을 올렸을 때가 있었어요. 그때 브라이언이 캐나다에서 그 영상을 보고 연락이 와서 노하우를 물어봤죠. 당연히 저는 친절히 설명해주었고, 나중에 브라이언이 성공 영상을 올리면서 연락이 왔어요. 제가 초기에 우상처럼 봤던 사람이 제가 만든 트릭을 하는 걸 보니 감회가 새로웠어요.

Q 나에게 롱보드란?

A 정말 어려운 질문인데요. '생존수단'이에요. 중의적인 의미인데요. 먼저, 제가 생존할 수 있게끔 돈을 벌게 해주는 게 롱보드죠. 또 한편으로는, 사람이 돈만으로는 살 수 없잖아요? 삶의 활력소가 필요한데, 그것 또한 롱보드니, 생존수단이 적절한 표현이 되겠네요.

인스타그램 @classiclongboard.co
페이스북 @clscboards

Longboard People Interview

Jo
Jong bin

롱보드 라이프

롱보더 조종빈

Q 자기소개 간단히 부탁드릴게요.
A 안녕하세요. 저는 26살 조종빈입니다. 수원에 살고 있고, A.K.A 보드샵을 운영하고 있어요. 샵뿐 아니라, 스폰라이더로 보더로서의 활동도 하고 있죠. 미국 브랜드 로디드, 오랑가탕, 국내 브랜드 블랙탑 등에서 스폰받고 있어요. 해외 활동이 많아지면서 해외에서는 간혹 점핑조, 종빈 마르티네스라고도 불려요.

Q 어떻게 롱보드를 접하게 되었나요?
A 심심한 군생활 시절에 잡지에서 크루져보드를 처음으로 봤어요. 사진을 보고선 '아, 이거 가까운 거리 다니기에는 참 편하겠다' '휴가 나가서 저거 타고 친구들 만나면 정말 재미있겠다'라고 생각했고, 휴가 나가자마자 크루져보드를 사서 탔어요. 전역을 한 뒤에 우연히 수원 월드컵 경기장을 시티 크루징 하며 지나가는데, 거기서 사람들이 롱보드를 타는 모습을 봤어요. '나도 이번엔 저렇게 큰 걸 타봐야겠다'는 생각이 들었죠. 그렇게 롱보드를 타기 시작했어요. 그게 2013년도였으니 벌써 4년차에 접어들었네요.

Q 보드를 타면서 경험한 것 중에 특별히 기억에 남는 순간은?
A 엄청 많죠. 너무 재미있고 다양한 경험들이 많아서 하나하나 이야기를 하고 싶지만, 그중에서 가장 기억에 남는 걸 꼽자면, 국내 롱트랙과 유럽여행이에요. 먼저 롱트랙 이야기를 하자면, 서울에서 부산까지 보드를 타고 떠난 적이 있어요. 윤호 형, 승리 형 그리고 저 이렇게 셋이서 했죠. 이때 전 서로 다른 나이, 다른 직업이지만 롱보드 하나로 이렇게 어울릴 수 있다는 것을 처음 느껴 뿌듯했던 것 같아요. 롱트랙 마지막 날에 거의 20미터를 날아가서 넘어진 끔찍한 기억도 선물해줬지만요. 또, 3년 전 가을에 롱보드를 가지고 처음 유럽여행을 떠났거든요. 처음엔 영어도 잘 하는 편이 아니라 힘들었지만, 롱보드라는 매개체가 있어서 유럽 친구들과 어울릴 수 있었어요.

독일 대회에 나가서 1등으로 입상까지 했었죠. 이 여행에서 지금도 가장 친한 해외 친구가 생겼는데, 스페인 친구인 다니엘 샘이에요. 함께 영상 작업했던 것은 아직도 잊을 수가 없네요. 서로의 언어를 못했는데도 바디 랭귀지와 마음으로 소통할 수 있었어요.

Q 보드를 타는 것에 그치지 않고, 보드샵을 열게 되었다면서요?

A 네, 맞아요. 이유는 단순해요. 보드가 너무 좋아서죠. 앞으로 입문하는 사람들에게 거짓없고, 사람들에게 맞는 보드를 추천해주기 위해서 열었어요. 앞으로 씬을 더 키워나가면서 재미있고, 멋지고, 좋은 행사도 많이 만들 예정이에요. 요즘 기획하는 것이 1년짜리 샵 영상을 만드는 거예요. 보드에 깊이 빠져 있으니까요. 그래서 저희 샵 이름도 A.k.a board shop이에요. A.k.a.는 also known as (~로 알려진)의 약자로, 보드로 알려진 샵이란 뜻이죠. 저부터 롱런하고 싶고, 많은 분들이 저

희 샵을 보드로 알려진 샵으로 알아줬으면 좋겠어요. 아! 사실 샵 오픈의 가장 큰 이유는, 보드 샵을 차리면 제가 보드 탈 수 시간이 더 많아질 것 같아서였죠. 근데 막상 샵을 운영해보니 타는 시간은 줄어들었네요. 그래도 여전히 즐거워요.

Q 나에게 롱보드란?
A 이젠 '삶의 전부'가 되어버렸네요. 거의 보드와 결혼했다고 해도 과언이 아니에요. 일상이 되어서 특별하지 않다고 말할 수 있는데, 그만큼 하나가 된 것 같아요. 그냥 '조종빈=롱보드'라고 생각하고 싶네요.

인스타그램 @jongbinjo @a.k.a_boardshop
페이스북 @조종빈 @a.k.a baordshop

Longboard People Interview

Hong Lim sun
&
Hong Seung ah

롱보드 라이프

스케이터 홍림선 & 롱보더 홍승아

Q 자기소개 간단히 부탁드릴게요.

A (부) 안녕하세요. 홍림선입니다. 직장인으로 일하면서, 주말엔 스케이터로 보드 타면서 지내고 있어요.
(녀) 안녕하세요. 발산초등학교 1학년 홍승아입니다. 아빠 따라서 보드 타요!

Q 어떻게 보드를 접하게 되었나요?

A (부) 20세기 마지막 해에 고등학교를 다니고 있었어요. 버스정류장에서 학교까지 1Km 정도 되는데 너무 먼 거예요. 요즘엔 크루져보드가 있지만, 그때는 없었어요. 단지 주행용으로 사용하기 위해 돈을 모아 학교 개교기념일에 이태원 샵에 가서 스케이트보드를 샀죠. 샵에서 강습이 있다는 걸 알려줘서 가봤더니, 사람들이 알리를 하고 있는 거예요. 원래 저는 주행만 하면 됐는데, 그걸 보고서 주행과 함께 그 이상을 쭉 해왔어요. 승아는 주말에 제가 같이 데리고 다니면서 자연스럽게 시작했어요
(녀) 3살 때부터 보드를 탔대요. 아빠가 대회에서 상품으로 받은 크루져보드로 시작했고요. 작년 5월에 처음으로 롱보드를 탔어요.

Q 승아는 승아 또래의 보드 타는 친구들이 없는데, 그게 힘들진 않아요?

A 음…. 없어요. 좋아요. 언니들이 예뻐해줘요. 스팟 나오면 재미있는 거 많이 알려주고, 같이 놀아줘요. 보드 타는 게 재밌어요. 아빠 일해서 같이 스팟 못 오면, 집앞 놀이터에서 보드 타고 놀아요.

Q 보드를 타면서 경험한 것 중에 특별히 기억에 남는 순간은?

A (부) 스케잇 경력이 19년 정도 되다보니, 즐거운 일이 너무 많죠. 근데 지금 생각나는 건 작년에 부상 당한 거네요. 추운 날, 그라인드를 걸다가 실패를 했는데, 평소 같으면 굴러서 충격을 최소화 했을 텐데, 너무 추워서 낙법하

기 귀찮은 거예요. 버텨보려다가 무릎을 다쳤죠. 어쩌면, 보드를 좋아하니, 한동안 보드를 못 타게 만든 부상이 기억에 남나봐요.
(녀) 피루엣이요. 아빠가 피루엣을 배워야 한다고 했어요. 어려운 거라고. 스팟에서 배워서 처음 했을 때가 좋았어요. 재밌어요. 지금도 피루엣 많이 해요.

Q 부녀가 같이 보드 타는 것에 장단점은?
A (부) 전 영상 찍을 때, 다른 종목들과 콜라보로 찍었거든요. 예를 들어 BMX, 비보이 등이요. 승아랑 같이 타면서, 스케이트보드, 롱보드의 콜라보 영상을 찍을 수 있어 좋아요. 스케이터 중에 간혹 롱보드를 싫어하는 사람들이 있는데, 제 딸이 즐기고 있는 게 욕먹는 건 딱히 유쾌하진 않으니까요. 제가 영상 올리면 스케이터들이 다 보니까 그 계기로 롱보드에 대한 인식이 좋아졌으면 좋겠어요.
(녀) 아빠랑 보드 같이 타는 게 좋아요. 아빠랑 같이 하는 거 좋아요. 또 아빠가 영상도 많이 찍어줘요. 제 인스타그램도 만들어줬어요. 막 사람들이 영상 보고 댓글도 달아주고, 신기해요.

Q 보드를 타면서 목표가 있다면?

A (부) 유튜브를 해볼까 해요. 스케이트보드 유튜버가 외국엔 많은데, 한국엔 아직 없어요. 제 예전 영상 보면 빨래판으로 킥플립하고 리모컨으로 킥플립하고 그러거든요. 그런 신기한 것을 위주로 해보고 싶어요. 각목을 이용해서 보드 타는 거, 삽으로 보드 만들기, 특이하고 신기한 거요. 해외에서 했던 것 중 신기한 것도 제가 해보고요. 예를 들어, 스케이트보드 10장을 이어붙여 원처럼 둥글게 만든다든지 해서 다른 사람들도 참여하면 좋고요. 또 일반인들이 봤을 때도 '내가 해도 쉽게 재미있게 해볼 수 있겠구나' 생각할 만한 것들을 많이 하고 싶어요. 전 이제 험하게는 안 타려고요. 예전에 계단 타고 그랬는데, 이제 생활체육인이 되어가요. 그에 맞춰 지금 제가 스케이트보드씬에서 할 수 있는 역할 같아요.

(녀) 올해 가을 롱페에 나갈 거예요. 가서 비스폰 여자 댄싱부에서 1등 하고 싶어요. 아빠랑 제 영상 같이 분석도 하고 그래요. 그냥 재밌게 타고, 놀면서 배우고 그럴 거예요.

(부) 아! 승아가 팀에 들어가면 좋겠어요. 제가 아무래도 스케이터다 보니까, 롱보드 댄싱 쪽은 많이 못 가르쳐주거든요. 팀에 들어가서 챙겨주는 사람들이 생기면 더 좋을 것 같아요. 아빠로서요.

인스타그램 @xl8er @bogseungah

Longboard People Interview

Koo
Dong yeon

롱보더 구동연

Q 자기소개 간단히 부탁드릴게요.

A 안녕하세요. 저는 19살 고등학교 3학년생 구동연입니다. 현재 학교를 다니면서 취미인 롱보드를 타고 있고요. 현재 유튜브 크리에이터로도 활동하고 있어요.

Q 어떻게 롱보드를 접하게 되었나요?

A 보드 타기 전 저는 엄청 소심했어요. 친구들과 학교 끝나면 학원, 집 그리고 쉬는 날에는 PC방 가는 것 말고는 별로 하는 일도 없었죠. 엄청 지루하게 매일 똑같은 생활을 반복했어요. 어느 날 가족 여행 중에 우연히 보드 타는 사람을 봤는데 너무 멋져 보였어요. 인터넷 검색을 해보니 롱보드라는 게 있더라고요. 처음에 생각보다 많이 비싸서 크루져보드를 사서 혼자 탔어요. 타다 보니 울산에서 모여서 타는 분들과 어울리고 싶었어요. 성격은 엄청 소심한데 다가가긴 힘들고 망설이다가 큰맘 먹고 다가가니까 다들 친절하게 가르쳐주셨어요. 그러면

서 주말이나 쉬는 날에 무조건 보드 타러 다니다 보니 대인관계도 넓어지고 소심한 성격도 지금은 많이 활발해졌어요.

Q 보드 타면서 경험한 것 중에 특별히 기억에 남는 순간은?
A 아직도 신기한 게, 울산에서만 지내던 제가 서울, 부산, 대구 등 다양한 지역을 다니면서 많은 사람들을 만나고, 스팟에 가면 저를 알아봐주는 분들이 계시다는 거예요. 롱보더 분들은 대부분 성인이고, 학생은 제 기억 속에는 유찬빈 형밖에 없던 걸로 기억해요. 찬빈이형을 알고서 세상에 이런 사람도 있구나 싶을 정도로 정말 재미있고, 특이한 경험도 많이 한 것 같아요. 하나 더 말하자면, 제가 클래식 롱보드에서 스폰을 받는데, 클래식 롱보드에서 팀라이더들을 데리고 홍콩 간 것이 기억에 남네요. 보드로 해외도 나가보고 정말 좋은 경험이었어요.

Q 유튜버로서 활동하는데, 어떻게 시작했고, 앞으로의 계획은 무엇인가요?
A 롱보드로 성격이 외향적이 되면서, 많은 사람들에게 알려지고 싶다는 생각이 들었어요. 보드 타는 거나 제 일상 등을 영상으로 남기면서요. 그리고 한참 유튜브에 빠져서 영상 본다고 항상 새벽 2~3시에 잤는데, 순간 내가 이렇게 재미있어 하는데 내가 해보면 어떨까? 라는 생각이 들더라고요. 주위 시선도 있고, 욕도 많이 먹겠지? 등등의 많은 생각들이 들었는데, 이러다 아무것도 안하겠다 싶었죠. 그래서 바로 카메라로 제 영상을 찍고 편집을 해서 올렸어요. 꾸준히 올리다보니 구독해주시는 분들도 많아지고 댓글로 응원을 해주시니 다행이고 감사하죠. 앞으로도 더 재미있는 콘텐츠도 올리고 롱보드가 다가가기 쉽고 재미있는 취미라는 걸 많이 알리고 싶어요.

Q 나에게 롱보드란?
A 제 인생을 바꾼 탁월한 선택이에요. 롱보드를 안 탔더라면, 제 삶은 지금쯤 어떻게 변했을까요? 같은 일상을 반복하면서 이 넓은 세상을 몰랐을 거예요. 소심한 성격으로 이도저도 안되는 미래가 안보이는 삶을 살았겠지만, 지금은 롱보드 덕분에 정말 행복한 삶을 살고 있다고 생각해요.

유튜브 @꾸동

Longboard People Interview

Moon Hyung kyung

롱보드 라이프

롱보더 문형경

Q 자기소개 간단히 부탁드릴게요.

A 안녕하세요. 대학생 롱보더 문형경입니다. 현재 중국학과 전공을 하고 있어요. 롱보드는 주로 분당 판교 화랑공원이나 서울 스팟을 돌아다니며 타고 있습니다.

Q 어떻게 롱보드를 접하게 되었나요?

A 저는 평소에 운동하는 것을 좋아했어요. 이런 저런 운동은 다 해봤죠. 대학교 들어가자마자 기숙사 룸메이트랑 같이 운동 동아리를 찾다가 테니스 동아리를 들어갔어요. 배우면서 실력이 느는 게 보이니까 재미있었죠. 아쉽지만 동아리 인원이 늘다보니 기다리는 시간이 길어져서 지루했어요. 꼭 정해진 시간에만 칠 수 있다는 것도 답답했고요. 한 학기가 끝나고 방학이 왔죠. 친오빠가 롱보드를 타기 시작해서 관심이 생겼고, 사촌이 롱보드를 추천하기도 했어요. 사촌과 함께 보드샵에 가서 보드를 샀어요. 롱보드는 다른 운동에 비해 제가 타고 싶을 때 언제든 어디서든 보드만 들고 나가면 된다는 게 가장 큰 매력으로 느껴졌죠. 처음엔 동아리 사람들이 배신이라고 했지만, 시간이 지날수록 재미있게 사는 것 같다는 소리도 많이 들었죠. 실제로 제가 타는 걸 보고 입문한 사람도 있었어요. 그렇게 전 학교가 끝난 후에도 주말에도 보드를 탔어요. 그 뒤부터 제 대학생활도, 삶도 변했어요.

Q 보드를 타면서 경험한 것 중에 특별히 기억에 남는 순간은?

A 가장 기억에 남는 건, 보드 들고 홍콩여행 갔을 때에요. 처음으로 로컬 친구들과 함께 여행을 즐겼어요. 홍콩 로컬 보더들이 자신들의 일을 빼가면서까지 우리와 함께 아침부터 밤 늦게까지 놀았거든요. 모든 스케줄을 우리에게 맞춰줬어요. 숙소 또한 다 해결해주었어요. 정말 감동이었죠. 롱보드라는 공통된 하나의 취미로 다른 나라 친구들을 만나서 서로의 마음을 느낄 수 있다는 것만큼 신기하고, 소중한 추억이 또 있을까 싶어요. 지금도 서로 자주 연락하면서 안부를 묻죠. 항상 잘 지내길 바라며 다음 만날 날을 기약하고 있어요. 또 하나는 제 첫 유럽여행이에요. 살면서 유럽여행을 갈 수 있을까? 하며 꿈같이 생각했는데, 학기중임에도 수업을 3일로 몰아넣고, 10일 정도 롱보드를 들고, 네덜란드 여행을 했어요. 한국에 놀러왔던 네덜란드 친구의 집에서 지냈어요. 로컬 다른 보더들도 만나고, 관광도 했죠. 여행의 주목적은 단순 구경이 아니라, 네덜란드에서 열리는 So you can longboard dance라는 대회 참가였어요. 영상으로만 접했던 유명 롱보더들도 만나고, 많은 친구들을 사귀었죠. 대회 참가도 했는데 운 좋게 결승까지 올라가서 더 기뻤어요. 짧은 시간이었지만 정말 많은 친구들을 만났네요. 아시아, 유럽, 남미 등 세계 각지에서 그 대회를 위해 사람들이 와서 만난다는 게 인상적이었어요. 이렇게 쉽게 친구가 된다는 게 신기하고 좋아요. 그러고보니 홍콩도 유럽도 여행갔다가 시험 바로 전날에 왔네요. 시험기간에 딴짓하는 건 재밌잖아요. 그래서 두 배로 즐거웠는지도 모르겠네요.

Q 요즘 대학생은 많이 바쁘잖아요. 어때요?

A 대학생의 꽃이 과제라고 하잖아요. 정말 과제가 많아요. 가끔은 과제를 까먹고 보드 타러 나갈 때도 있지만, 그런 날은 결국 밤을 새서라도 다 끝내요. 그만큼 보드가 타고 싶더라고요. 롱보드를 타길 잘했다,라고 생각하는 또 다른 이유는, 술을 자주 마시지 않게 됐어요. 그 시간에 과제를 하거나 보드를 타죠. 제 삶의 패턴에 대학 동기들이 절 부러워하기도 하고, 응원도 해줘요. 가끔은 과제도 깜빡하지만 그건 제 노력으로 충분히 극복할 수 있다고 생각해요. 다행히도, 이번 학기에 장학금도 받았고요.

Q 나에게 롱보드란?

A 저의 삶이 되었어요. 보드 생각으로 머릿속이 가득해요. 주변 지인들도 보더들로 가득하고요. 가끔 보드가 안타져서 신경질 날 때도 있지만 그래도 보드가 좋아요. 제가 한 가지 취미를 오래 못하는 성격인데 롱보드는 질리지가 않아요. 사람들 만나는 것도 재미있고, 롱보드로 떠나는 여행도 너무 행복해요. 지루했던 삶이 더 활기차고 행복하게 변했어요. 앞으로도 제 삶을 즐길 수 있는 게 있다면 무엇이든 해보려고요. 요즘은 영상 편집, 포토샵도 배워서 더 멋진 영상과 사진을 보여주고 싶다는 생각이 들어요. 휴학을 한 번 해서 해보고 싶은 건 다 해보려고요.

인스타그램 @h_kyung_176

Longboard People Interview

Ko
Hyo joo

롱보드 라이프

롱보더 고효주

Q 자기소개 간단히 부탁드릴게요.

A 안녕하세요. 롱보더이자 콘텐츠 크리에이터 고효주입니다. 현재 롱보드 타면서 할 수 있는 재미있는 일들을 하고 있어요. 그걸 콘텐츠로 만들고요, 제게 즐거운 일들을 사람들이 재미있게 받아들여줘서 요즘 감사한 마음으로 살고 있어요.

Q 어떻게 롱보드를 접하게 되었나요?

A 원래는 글로벌 메신저 라인에서 UI 디자인을 했었어요. 디자인 일이 많이 바빠요. 직장생활 3년차 즈음 지속된 야근에 지쳐갔죠. 회사에서 하루 16시간 일하고, 주말에도 출근을 하다보니 힘들었어요. 일 외적으로는 어렸을 때부터 매듭공예나 손뜨개 같은 정적인 취미를 해왔죠. 밖에 나가는 것보다 집에서 하루종일 실과 씨름하는 게 일상이었거든요. 어느 날 문득, 이렇게만 살면 안되겠다는 생각이 들었어요. 라이프 스타일을 좀 바꾸어야겠다는 생각이 든 거죠. 그래서 그때까지와는 다르게 활동적인 취미 생활을 찾았어요. 신기하게도, 당시 유튜브 영상에서 눈에 들어온 것이 롱보드 댄싱이었어요. 보는 것만으로 매력이 느껴졌고, 그 길로 롱보드샵을 바로 찾아갔어요. 그렇게 시작했죠.

Q 언론에서 '롱보드 여신'이라는 말로 소개가 되는데, 지금까지 어떻게 타셨나요? 노하우가 있을까요?

A 개인적으로 그 단어, 정말 안 좋아해요. 롱보드 여신이라니요. 스스로를 롱보드 여신이라고 생각한 적도 없고요. 전 잘 탄다고 생각하지도 않아요. 다만, 제가 타왔던 방식을 말하자면, 누군가에게 보여지기를 생각하며 타지 않았어요. 제가 롱보드를 타는 그 순간 가장 자연스럽게 타는 것에 집중했어요. 솔직히 어려운 기술을 연습하기보다는 그냥 보드 위에 있는 시간 자체를 즐겼던 것 같아요. 그 시간이 쌓이다보니, 지금의 제가 된 것 같아요.

Q 잘 다니던 직장을 그만두고, 현재 콘텐츠 크리에이터로 지내시는데, 혹시 힘든 점은 없나요?

A 마냥 힘든 점 하나 없이 즐거운 일만 있다고는 말 못하죠. 하지만 그 어떤 일도 마찬가지 아닐까요? 그래도 지금 생활이 너무 즐거워서 힘든 일들이 사소하게 느껴지네요. 좋아서 하는 것이니까요.

Q 여행도 많이 다니고, 해외 촬영 일정이 많으시던데, 기억에 남는 에피소드 있나요?

A LA 여행 중에 우연히 뮤직비디오 촬영을 하게 됐어요. 컨셉부터 디렉터와 함께 이야기했죠. 제가 그 당시 위시리스트 중 하나가 '아무도 없는 도시 밤거리에서 보드 타는 것'이었는데, 그 아

이디어가 받아들여졌어요. 덕분에 전 아무도 없는 LA 밤거리를 맘껏 누볐죠. 그 영상이 Far East Movement 앨범의 효린이 피처링한 Umbrella라는 곡의 뮤직비디오예요. 다시 이런 영상을 찍을 수 있을까 싶을 만큼 제 마음에 쏙 들게 영상이 나왔어요.

Q 나에게 롱보드란?
A 재미있는 취미예요. 지금까지도 그래왔고, 앞으로도 쭉 롱보드는 제게 최고의 취미일 거예요.

인스타그램 @hyo_joo @hyojooslife
페이스북 @KoHyojoo
유튜브 @Hyojoo Ko

Longboard People Interview

Yu
Jin hee

롱보더 유진희

Q 자기소개 간단히 부탁드릴게요.

A 안녕하세요, 국내 최초 롱보드 프리시전 트럭 전문 제조업체 '블랙탑'의 유진희입니다. 스포츠를 즐기고 좋아하다보니, 취미로 시작한 롱보드가 이제는 직업이 되어버렸네요. 더 많은 사람들과 좋은 제품을 공유하고 싶다는 마음으로 여러 종류의 롱보드 관련 제품개발을 하고 있습니다.

Q 어떻게 롱보드를 접하게 되었나요?

A 사실 저는 스노보드 매니아였습니다. 비시즌에는 웨이크보드, 자전거 등의 취미를 즐기곤 했죠. 어느 날 유튜브에서 다운힐 영상을 보게 되었고, 관련 영상을 찾다보니 롱보드 댄싱이라는 장르까지 알게 되었습니다.

Q 롱보드를 타시던 분이 어떻게 제품을 만들게 되었나요?

A 제가 처음 접한 트럭은 서프로즈, 에라, 란달, 패리스였어요. 다운힐을 하기엔 다소 불안했던 저가형 프리시즌 트럭도 경험해봤고, 고가임에도 불구하고 어딘가 맘에 들지 않는 에라 트럭도 경험해봤죠. 그

롱보드 라이프

러다가 주물방식의 트럭은 트릭 시 행어가 휜다는 사실도 알게 되었고요. 모두 나쁜 트럭들은 아니지만, 더 가볍고 튼튼한 트럭이 있었으면 좋겠다는 생각을 했어요. 게다가 한국만의 차별화된 방식으로 100% 국산 제품을 만든다면 정말 근사할 것 같았죠. 세계에서 가장 가볍고 튼튼한 트럭을 한국에서 만든다니! 정말 멋지지 않은가요? 결심을 한 이후, 저는 현존하는 트럭을 하나씩 수집하며 데이터를 만들기 시작했고, 각각 제품들의 장단점을 분석하며 새로운 제품 개발에 몰두했어요. 그 결과, 현재의 블랙탑 트럭이 완성된 거죠. 엑스와셔와 니들롤러베어링 등은 디자인 및 특허를 등록하기도 했습니다.

Q 보드를 타면서 경험한 것 중에 특별히 기억에 남는 순간은?

A 세계 최고의 다운힐 대회인 IDF가 중국에서 개최된 적이 있어요. 처음 출전한 세계 대회에서 60~70km의 속도로 날았던 기억은 지금도 잊을 수가 없어요. 아스팔트에 맨몸을 맡기는 그 순간은 정말 말로 표현할 수 없을 정도로 짜릿했죠.

Q 나에게 롱보드란?

A 다운힐을 하다보면 구불구불한 내리막을 내려갔다가 다시 원점으로 올라와야 하잖아요. 전 물론 내려갈 때도 좋지만, 그 올라오는 길에 함께하는 사람들과 웃고 즐기며 소통하는 그 소소한 행복이 너무 좋더라고요. 저에게 롱보드란 '세상과 소통할 수 있는 나만의 방식'이 아닐까요?

인스타그램 @blacktop_genie
페이스북 @blacktop trucks

보드 타자, 크게 웃는다면 그걸로 됐다!

여느 날과 다름없이 1호선 지하철에 올라탄다. 대중교통을 이용할 때조차 내 곁에 롱보드가 함께하는 것은 이제 당연하다. 지인들은 보드 없이 다니는 나를 오히려 어색해 한다. 오늘도 내가 좋아하는 사람들과 좋아하는 롱보드를 탈 생각에 설렌다.

그렇다. 행복하다. 행복은 강도가 아니라 빈도다, 라고 김민식 PD가 말했다. 내 삶의 행복한 감정의 빈도를 엄청나게 높여준 것이 롱보드임에 틀림없다. 롱보드코리아 카페에 가입해 처음으로 시승해보았던 보드. 그간 답답함을 얼마나 가슴속에 쌓아 두었던지, 그저 바람을 맞으며 앞으로 나아가기만 할 뿐인데도 심장이 뛰었다. 남들보다는 기술을 익히는 속도가 현저히 느렸지만, 기본기를 기준 삼아 나만의 스타일을 만든 뒤에는, 여러 곳에서 스폰을 제안 받기도 했고, 스타일보드 샵에서 일을 할 기회도 생겼다. 그렇게 보드에 점점 깊이 빠졌다. 국내 대회는 물론 해외 대회에 출전해 시상대에 서보기도 했다. 롱보드 하나만으로 전 세계 수많은 친구를 사귀고 여행했다. 방송, 잡지, CF, 뮤직비디오 등에 출연하며 색다른 재미도 느꼈다. 삶에 '재미'라는 가치를 추가하고자 했던 나의 시도는 속된 말로 '제대로 먹혔다'.

문득 이런 생각이 든다. 롱보드와 함께하는 내 인생 여정은 언제까지 지속될까? 분명한 것은, 내가 롱보드 댄싱 할배가 될 때까지 롱보드는 나와 함께한다는 것이다.

기왕이면 이 긴 여정에, 같은 취미를 즐기는 사람들에게 조금이라도 도움이 되고 싶었다. 그렇게 스팟에서 만난 초보 보더들에게 노하우를 알려주기 시작했다. 페이스북 그룹을 만들어 새로운 라인들을 공유했다. 비기너를 제자로 받아 나보다 더 영향력을 끼치는 보더로 키워보기도 했다. 모든 과정 속에 힘듦이 없었다면 거짓이겠지만, 그 안에 분명히 즐거움이 존재했다. 그리고 그 과정이 모이고 쌓여, 이 책이 만들어졌다.

사람들에게 도움을 주려고 쓴 책이지만, 이 책을 쓰기 위해 오히려 내가 사람들에게 많은 도움을 받았다. 만약 그들의 도움이 없었다면 이 책은 나오지 못했을 것이다. 감사한 사람들의 얼굴이 뇌리에 스친다. 이들 모두 오늘 하루도 행복한 시간을 보내기 바란다. 문득, 내가 스폰 받는 보드 브랜드의 카피가 떠오른다.

Go shred. It's all about the big smile.
보드 타자. 크게 웃는다면 그걸로 됐다.

롱보드가 여러분 삶의 즐거움과 활력이 되어 얼굴에 웃음꽃이 피기를 바란다.
그럼, 웃으며 스팟에서 만나기를.

Special Thanks

먼저 내게 책을 쓸 수 있는 기회를 주고 예정된 시간보다 늦는 원고를 참고 기다려준 김철원 대표님과 김이슬 에디터님께 감사의 말을 전한다. 아울러 우리 부모님과 동생들 권도환, 권성진에게 사랑한다고 전하고 싶다. 독서활동을 함께하는 어썸피플 운영진 유근용, 김인숙, 강철, 김인혜에게도 감사의 말을 전한다.

또한 책을 쓰는 데 있어서 내용 및 사진, 영상에 도움을 준 스티브J, 요니P, 강경두, 김준언, 성원경, 고효주, 구형모, Đineke, 장도희, 박현수, 이승리, 석유진, 최창섭, 이경훈, 김윤, Hans, 안상현, 김도진, 이상윤, 손원준, 송승호, 김준영, 김동현, 김은혁, 신태웅, 신재식, 신완식, 박상정, 김별초롱, 박솔빛나라, 강윤아, 임치남, 차명진, 구동연, 김진현, 문형경, 이주애, 조종빈, 홍림선, 홍승아, 유진희, 배세영, 안성지, 반스크루에게 감사의 말을 전한다.

Long board Life

롱보드 라이프

BLACKTOP은

국내최초 LONGBOARD PRECISION TRUCK 전문 제조업체입니다.
"BLACKTOP PRECISION TRUCK"은 1년여에 거친 유명 라이더들의 필드테스트를 통해
DANCING/FREE-STYLE에 최적화된 제품으로 탄생 하였으며,
AL7075를 사용하여 우수한 성능과 내구성을 자랑합니다.
"BLACKTOP PRECISION TRUCK"은 NEEDLE ROLLER BEARING PIVOT CUP장착기술과
정밀가공을 통해 생산된 제품으로써,
제품의 정밀성 강도 내구성을 높여 **제품은 강하게 라이딩은 안정적이면서도**
부드럽게 구동되어 이상적인 라이딩을 즐길 수 있는 제품입니다.

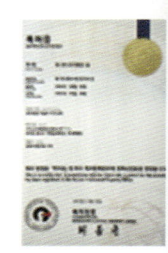

제품A/S 문의 TEL:031-286-7622 / 010-9338-3362 (주)신우이엔씨 : 경기도 화성시 반월동 319-1번지

국내 100% 핸드메이드 커스텀 롱보드의 모든 것

DWELL

Handcrafted Longboards

2014년 10월, 국내최초 자체생산 롱보드 판매를 시작한 Dwell Longboard는 스위스 및 독일산 최고가의 원자재를 사용하여 해외 유명 브랜드에 못지 않은 뛰어난 품질을 지녔으며 **퀄리티에 비해 매우 착한 가격을 자랑하는 대한민국 대표 롱보드 제작 브랜드**입니다. 중국, 대만, 홍콩 등지에 딜러샵을 보유하고 있으며, 북미와 유럽 보더들에게도 많은 사랑을 받고 있습니다.

홈페이지 www.dwellboards.co.kr   건대 라이센스점 주소 서울 광진구 아차산로29길 29

VICTORS BOARD SHOP

www.victorsboardshop.com

경기도 광주시 곤지압읍 경충대로 732 (곤지암역 5분거리) 010-4715-4606

1LOVE
ONE LOVE FOR ALL
원러브 보드샵
NO.1 LONGBOARD SHOP SEOUL, KOREA
서울 홍대 위치한 최대 규모 롱보드 전문샵

http://www.1LOVE.kr

서울시 마포구 서교동 395-73 BK빌딩 1층 (합정역 3번출구)   전화: 070-8869-3409

aka

전화번호 070-7763-3593   주소 경기도 수원시 팔달구 장안동 68-3번지   www.facebook.com/A.k.aBoardshop/

COSMO
LONGBOARD CO.

THE BOARD SHOP

WWW.THEBOARDSHOPKOREA.COM
WWW.COSMOLONGBOARDS.COM
070-7792-9292

RIDER: MARSHALL
PHOTO: MOR WOLF WAX